Mit Oma Wang
durch den chinesischen Alltag

Oma Wang ist eine vitale alte Dame. Mit Traditioneller Chinesischer Medizin und Feng Shui vertraut, gibt sie gern Tipps bei gesundheitlichen Problemen oder der Einrichtung einer Wohnung. Wie viele Chinesen kennt sie sich mit der Symbolik der Zahlen und dem Horoskop aus, aber auch Internet und Smartphone sind ihr nicht fremd. Als leidenschaftliche Köchin lädt sie gern Gäste zum Essen ein, und in geselliger Runde wird lautstark über Karaoke und Tanz im Park oder über die Liebe ihrer Landsleute zu Hunden und Autos diskutiert.

Susanne Hornfeck ist Germanistin und Sinologin, Autorin und Übersetzerin. Fünf Jahre lebte und lehrte sie in Taipei.
Nelly Ma, aufgewachsen in Peking, lehrte lange Jahre an der Universität Passau. Heute arbeitet sie als freie Dolmetscherin und Übersetzerin für Chinesisch.
Katharina Netolitzky ist Comiczeichnerin, Buchillustratorin und Buchcover-Designerin. Sie lebt und arbeitet in Augsburg.

gēn wáng nǎi nai guò rì zi
跟王奶奶过日子

Mit Oma Wang durch den chinesischen Alltag

von Susanne Hornfeck und Nelly Ma

Illustrationen von
Katharina Netolitzky

dtv

Von Susanne Hornfeck und Nelly Ma
ist bei dtv außerdem lieferbar:
Erste chinesische Lesestücke
China in kleinen Geschichten

MIX
Papier | Fördert gute Waldnutzung
FSC® C019821
FSC www.fsc.org

Originalausgabe 2019
3. Auflage 2025
dtv Verlagsgesellschaft mbH & Co. KG
Tumblingerstraße 21, 80337 München
produktsicherheit@dtv.de

Umschlaggestaltung: dtv unter Verwendung
einer Illustration von Günter Ernst Hornfeck
Satz: Greiner & Reichel, Köln
Druck und Bindung: Druckerei C.H.Beck, Nördlingen
Printed in Germany · ISBN 978-3-423-09548-8

gēn wáng nǎi nai guò rì zi

跟王奶奶过日子

Mit Oma Wang
durch den chinesischen Alltag

guān yú zhè běn shū

关于这本书

wáng nǎi nai shì yí gè yìng lǎng de qī shí lái suì de tuì

王奶奶是一个硬朗的七十来岁的退

xiū lǎo tài tai gēn ér zi yì jiā zhù zài yí gè xiǎo

休老太太，跟儿子一家住在一个小

qū lǐ de èr shí lóu

区里的二十楼。

gēn zhōng guó hěn duō lǎo nián rén yí yàng tā hěn shú xī

跟中国很多老年人一样，她很熟悉

chuán tǒng zhōng yī de yǎng shēng zhī dào jiā lǐ rén huò

传统中医的养生之道。家里人或

lín jū yǒu le xiǎo bìng xiǎo zāi wáng nǎi nai jiù xǐ

邻居有了小病小灾，王奶奶就喜

huan gěi chū yì xiē jiàn yì bāng zhù bìng rén zǎo rì

欢给出一些建议，帮助病人早日

jiàn kāng

健康。

wáng nǎi nai hái shì jiā lǐ de wǔ xīng jí chú shī

王奶奶还是家里的五星级厨师，

měi tiān wǎn shang tā dōu xiàng biàn mó shù yí yàng duān

每天晚上她都像变魔术一样，端

Über dieses Buch

Oma Wang, eine rüstige Rentnerin um die siebzig,

wohnt mit der Familie ihres Sohnes im

21. Stock einer Wohnanlage.

Wie so viele Senioren in China ist sie bewandert

in den Methoden der klassischen chinesischen Gesundheitspflege.

Wenn Familienmitglieder oder Nachbarn kleine Wehwehchen haben, gibt sie

nur zu gern Ratschläge, damit die Kranken sich bald wieder

erholen.

Außerdem ist sie die Fünf-Sterne-Köchin der Familie.

Jeden Abend zaubert sie

shàng jǐ pán měi shí yīn wéi ér zi shòu kāng hé ér
上几盘美食，因为儿子寿康和儿

xí lì méi zhěng tiān shàng bān shí qī suì de sūn zi
媳丽梅整天上班。十七岁的孙子

sōng sōng yǐ jīng zài máng zhe gāo kǎo yì qǐ chī fàn
松松已经在忙着高考，一起吃饭

de shí hòu dà jiā xǐ huan yì lùn měi tiān
的时候，大家喜欢议论每天

de jiàn wén
的见闻。

ein paar leckere Gerichte, weil Sohn Shoukang und Schwiegertochter Limei den ganzen Tag arbeiten. Der siebzehnjährige Enkel Songsong bereitet sich schon auf die Hochschulzugangsprüfung vor. Das gemeinsame Abendessen nutzen alle gern, um über die Erlebnisse des Tages zu reden.

wáng nǎi nai shuō chūn tiān yǎng shēng
王奶奶说春天养生

āi mā wǒ de qún zi yòu chuān bú xià le
"唉，妈，我的裙子又穿不下了，"

lì méi shuō nǐ shuō wǒ zěn me bàn ā
丽梅说，"你说我怎么办啊？"

chūn tiān zhèng shì jiǎn féi de dà hǎo shí jī dōng tiān
"春天正是减肥的大好时机。冬天

wǒ men wèi le bǔ chōng néng liàng chī dé tài duō xiàn zài
我们为了补充能量，吃得太多，现在

shēn tǐ kě yǐ bǎ duō yú de zhī fáng xiāo hào diào le
身体可以把多余的脂肪消耗掉了。"

jù tǐ zěn me zuò ne
"具体怎么做呢？"

chī de qīng dàn yì diǎn duō yùn dòng wǒ zhī dào yì
"吃得清淡一点，多运动。我知道一

zhǒng chá kě yǐ gèng kuài de jiǎn féi
种茶，可以更快地减肥。"

xiè xiè mā nǐ zhēn shì wǒ men jiā de bǎo bèi
"谢谢，妈，你真是我们家的宝贝。"

Oma Wang über Gesundheit im Frühling

«Ach Mutter, mein Rock ist schon wieder zu eng»,

sagt Limei. «Was soll ich bloß machen?»

«Der Frühling ist genau die richtige Zeit zum Abnehmen. Im

Winter haben wir sehr viel gegessen, um Energie zu tanken, jetzt

kann der Körper das überflüssige Fett wieder abbauen.»

«Was genau soll ich denn tun?»

«Leichte, milde Kost und viel Bewegung helfen. Außerdem

kenne ich einen Tee, der das Abnehmen unterstützt.»

«Vielen Dank, Mutter, du bist wirklich ein Schatz.»

qín cài jiǎn féi chá
芹菜减肥茶

qín cài sānbaǐ kè hóng chá yi chá chí fēng mì
芹菜300克，红茶1茶匙，蜂蜜。

qín cài qiē xiǎo kuài fàng chá yè jiā líng diǎn wǔ shēng kāi shuǐ
芹菜切小块，放茶叶。加0.5升开水，

gài shàng gài fàng zhì shí fēn zhōng guò lǜ jiā fēng mì
盖上盖放置10分钟。过滤，加蜂蜜，

fàng rù bǎo wēn hú měi tiān hē liǎng cì
放入保温壶，每天喝两次。

kě yǐ jiàng xuè yā xuè zhī
可以降血压，血脂。

Sellerietee zum Abnehmen

300 g frischer Stangensellerie, ein TL Schwarzer Tee, Honig.

Den Sellerie in kleine Stücke schneiden, Teeblätter hinzufügen, mit einem halben Liter kochendem Wasser übergießen. Zehn

Minuten zugedeckt ziehen lassen, dann abseihen und mit Honig süßen.

Den Tee in eine Thermoskanne füllen und zweimal am Tag trinken.

Der Tee senkt den Blutdruck und die Blutfettwerte.

jiě chūn kùn de liàn xí
解春困的练习

gàn shū tóu
干梳头

liǎng yǎn kàn qián fāng shēn tǐ fàng sōng shí zhǐ wān qū
两眼看前方，身体放松，十指弯曲，

cóng fà jì yóu qián xiàng hòu gān shū tóu sānshí liù cì
从发际由前向后干梳头36次，

dòng zuò yào màn lián xù jīng shén yào jí zhōng
动作要慢，连续。精神要集中，

hū xī yào jūn yún
呼吸要均匀。

zhè ge liàn xí kě yǐ jī huó shén jīng mò shāo hé xué wèi
这个练习可以激活神经末梢和穴位，

zēng qiáng qì hé xuè yè xún huán zhì tóu tòng fáng gǎn mào
增强气和血液循环。治头痛，防感冒。

Übungen gegen Frühjahrsmüdigkeit

Trockenes Kämmen:

Den Blick geradeaus richten und den Körper entspannen. Mit gekrümmten Fingern

Haaransatz von vorn nach hinten sechsunddreißigmal trocken kämmen.

Die Bewegungen sind langsam und fließend. Man soll dabei konzentriert sein

und gleichmäßig atmen.

Durch diese Massage werden Nervenenden und Reizpunkte stimuliert.

Energiefluss und Blutkreislauf kommen in Schwung. Kopfschmerz wird gelindert, und man beugt Erkältungen vor.

gān xǐ liǎn
干洗脸

shuāng shǒu mó cā shēng rè fàng zài é tóu shàng
双手摩擦生热，放在额头上，

mó cā liǎn jiá ěr duo nǎo hòu dào dá hòu jǐng
摩擦脸颊，耳朵，脑后，到达后颈。

yí gòng shí cì
一共10次。

jiě fá xǐng nǎo gǎn jué nián qīng
解乏，醒脑，感觉年轻。

Das Gesicht trocken waschen:

Beide Handflächen aneinander reiben, bis sie warm sind,
auf die Stirn auflegen,

dann über Wangen, Ohren und Hinterkopf bis zum Nacken streichen.

Insgesamt zehnmal.

Die Müdigkeit verschwindet, und man fühlt sich wach und verjüngt.

chǒng wù gǒu
宠物狗

nǐ kàn dào shí qī lóu xiǎo lǐ de gǒu gǒu le ma
“你看到十七楼小李的狗狗了吗？

tā de yuè mǔ zǒng shì bǎ tā bào lái bào qù de
他的岳母总是把它抱来抱去的。

zhè nǎ lǐ shì gǒu wa yí gè xiǎo bù diǎn bà le jiǎn
这哪里是狗哇，一个小不点罢了，简

zhí yí bù xiǎo xīn jiù huì cǎi biǎn wáng nǎi nai yì biān
直一不小心就会踩扁！”王奶奶一边

chī wǎn fàn yì biān shuō
吃晚饭一边说。

nǐ shì shuō nà zhī jiān zuǐ dà jīn yú yǎn jīng de
“你是说那只尖嘴、大金鱼眼睛的，

zǒng shì wāng wāng dà jiào de xiǎo gǒu ma sōng sōng shuō
总是汪汪大叫的小狗吗？”松松说。

bié gǎo cuò le lì méi shuō nà kě shì yì
“别搞错了，”丽梅说，“那可是一

zhī guì zhòng de jí wá wá hái zi sòng le tā zhè zhī
只贵重的吉娃娃！孩子送了她这只

gǒu yīn wèi tā zhěng tiān méi shì gàn hěn jì mò
狗，因为她整天没事干，很寂寞。”

Schoßhündchen

«Habt ihr schon das Schoßhündchen vom kleinen Li aus dem 18. Stock gesehen?

Seine Schwiegermutter schleppt es ständig mit sich herum.

Eigentlich ist das gar kein richtiger Hund, sondern nur einen halbe Portion.

Man muss direkt aufpassen, dass man ihn nicht platt tritt», sagt Oma Wang

beim Abendessen.

«Meinst du den mit der spitzen Schnauze und den Glubschaugen,

der so schrill kläfft?», fragt Songsong nach.

«Täuscht euch nur nicht», bemerkt Limei. «Das ist ein

sündteurer Chihuahua. Den haben ihr die Kinder geschenkt,

weil sie doch den ganzen Tag nichts zu tun hat und allein ist.»

nǐ men xiǎng xiǎng xiǎo lǐ yuè mǔ gào sù wǒ tā měi
“你们想想，小李岳母告诉我，她每

gè yuè dài qù měi róng yuàn gěi tā mǎi xīn cháo
个月带Coco去美容院，给它买新潮

de gǒu zhuāng hái chuān zhe xiǎo xié nǐ yào shi wèn wǒ a
的狗装，还穿着小鞋！你要是问我啊，

wǒ jué de zhēn bú xiàng huà
我觉得真不像话。”

suí zhe shè huì biàn gé gǒu de jué sè yě yǒu le hěn dà
随着社会变革，狗的角色也有了很大

de biàn huà yǐ qián gǒu zhǔ yào shì yòng lái kān shǒu
的变化：以前狗主要是用来看守

nóng jiā de xiàn zài zhǔ yào xiàng zhēng chéng shì jū
农家的，现在主要象征城市居

mín de fù yù bù guǎn shì dé guó mù yáng quǎn hái shì
民的富裕。不管是德国牧羊犬，还是

jí wá wá gǒu gǒu biàn chéng le shēn fèn de biāo zhì
吉娃娃，狗狗变成了身份的标志。

zài lì shǐ shàng chǒng wù gǒu zhǐ yǒu zài
在历史上，宠物狗只有在

huáng gōng cái yǒu rú jīn zài wù zhì zhì shàng de zhōng guó
皇宫才有，如今在物质至上的中国，

« Und stellt euch vor, sie hat mir erzählt, dass sie

jeden Monat mit ihrem Coco in den Hundesalon geht. Er trägt

die neuste Hundemode und sogar Schuhe ! Wirklich abartig,

wenn ihr mich fragt. »

Die Rolle des Hundes hat sich im Zuge des gesellschaftlichen

Wandels tatsächlich sehr verändert : Hat er früher auf dem Land

Haus und Hof bewacht, so verkörpert er heute den Wohlstand der Städter.

Ganz gleich ob deutscher Schäferhund oder

Chihuahua, der Hund ist zum Statussymbol geworden.

Schoßhündchen gab es früher nur am Kaiserhof, heute, im

materiell geprägten China,

chà bu duō měi gè rén dōu kě yǐ mǎi dé qǐ zhè zhǒng shē
差不多每个人都可以买得起这种奢

chǐ pǐn le yǒu de rén hái huì tè bié qǐng yí gè gǒu ā
侈品了。有的人还会特别请一个狗阿

yí dài gǒu gǒu qù liù wān
姨带狗狗去遛弯。

guān yú zhōng guó rén de zuì gù zhi de piān jiàn shì zhōng guó
关于中国人的最固执的偏见是中国

rén ài chī gǒu ròu měi yí gè cóng zhōng guó huí lái de yóu
人爱吃狗肉。每一个从中国回来的游

kè doū huì bèi wèn dào zěn me yàng nǐ chī gǒu ròu
客都会被问到:“怎么样, 你吃狗肉

le ma qí shí, chī gǒu bìng bú shì pǔ biàn xiàn xiàng
了吗?”其实,吃狗并不是普遍现象。

zhǐ yǒu zài nán fāng, tè bié shì zài guǎng dōng, rén men cái
只有在南方, 特别是在广东, 人们才

chī gǒu ròu zhè xiē gǒu shì zhuān mén sì yǎng gòng shí yòng de
吃狗肉。这些狗是专门饲养供食用的。

zài chuán tǒng zhōng yī yǎng shēng xué lǐ gǒu ròu de shǔ xìng shì
在传统中医养生学里, 狗肉的属性是

rè de suǒ yǐ gǒu ròu zhǔ yào shì zài dōng tiān chī yǒu shí
热的, 所以狗肉主要是在冬天吃,有食

kann sich fast jeder einen solchen Luxus leisten. Manche engagieren eigens eine Hundenanny, die den kleinen Liebling Gassi führt.

Das wohl hartnäckigste Gerücht über Chinesen ist, dass sie gern Hundefleisch essen. Jeder Tourist wird nach seiner Reise gefragt: «Na, hast du Hund gegessen?» Das trifft jedoch nicht allgemein zu. Nur im Süden, vor allem in Kanton, steht Hund auf der Speisekarte. Diese Hunde werden speziell für den Verzehr gezüchtet.

Die Ernährungslehre der Traditionellen Chinesischen Medizin schreibt Hundefleisch eine wärmende thermische Qualität zu, weshalb es vor allem im Winter gegessen wird

liáo de zuò yòng
疗的作用。

gǒu shì shí èr shēng xiào de dì shí yi ge dòng wù hěn shòu
狗是十二生肖的第十一个动物,很受

dà zhòng de xǐ ài lìng kàn nǐ shǔ shén me yì zhāng
大众的喜爱(另看“你属什么”一章)。

chuán tǒng de gǒu míng zì shì lái fú dà huáng xiǎo hēi
传统的狗名字是来福、大黄、小黑。

xiàn zài ne xī fāng de nì chēng gèng jiā shí shàng
现在呢?西方的昵称更加时尚。

gǒu mā zài gōng yuán lǐ hǎn tā de jí ní huò jiāo ní
狗妈在公园里喊她的吉尼或焦尼,

jiē zhe bǎ gǒu bǎo bǎo de yù zhào yòng wēi xìn fā gěi
接着把狗宝宝的玉照用微信发给

péng yǒu quān
朋友圈。

kě yǐ shuō gǒu de kě ài xíng xiàng shì yí gè xīn shì wù
可以说,狗的可爱形象是一个新事物。

zài lì shǐ shàng màn màn xíng chéng de sú yǔ hé chéng yǔ lǐ
在历史上慢慢形成的俗语和成语里,

gǒu de xíng xiàng shì fǎn miàn de bǐ fāng shuō mà rén huà
狗的形象是反面的。比方说骂人话

und auch als Heilmittel Verwendung findet.

Der Hund ist das elfte Zeichen im chinesischen Tierkreis und

sehr beliebt (siehe Kapitel ‹Welches Tier bist du?›).

Traditionelle Hundenamen sind «Laifu» (Glücksbringer) oder «Dahuang» (Großer Gelber) oder «Xiaohei» (Kleiner Schwarzer).
Mittlerweile sind westliche Kosenamen in Mode gekommen.

Das Frauchen ruft im Park nach ihrer «Jea-ny» oder ihrem «Joh-ny»

und postet anschließend das «Jadebild» ihres Hundeschätzchens

dem Freundeskreis.

Das niedliche Image des Hundes ist eine neuere Erscheinung.

In den im Lauf der Geschichte entstandenen Redewendungen und Sprichwörtern

wird er meist negativ dargestellt, zum Beispiel in dem Schimpfwort

gǒu pì huài péng you shì hú péng gǒu yǒu
“狗屁！”；坏朋友是“狐朋狗友”；

ér gǒu zuǐ lǐ tǔ bù chū xiàng yá xíng róng mǒu rén de
而“狗嘴里吐不出象牙”形容某人的

huà yì qián bù zhí
话一钱不值。

yǐ qián zài nóng cūn rén men cháng gěi chuán chéng xiāng huǒ de nán
以前在农村人们常给传承香火的男

hái zi qǔ yí gè bù hǎo tīng de míng zì rú èr gǒu
孩子取一个不好听的名字，如二狗，

gǒu ér gǒu shèng yǐ miǎn yīn jiān de xiǎo guǐ guò zǎo de
狗儿，狗剩，以免阴间的小鬼过早地

bǎ tā dài zǒu
把他带走。

yì zhī zhōng guó gǒu zěn me jiào ne tā shuō wāng wāng
一只中国狗怎么叫呢？它说：“汪汪！”

« Hundepups »; wer schlechten Umgang pflegt, hat « Fuchs- und Hundefreunde »,

und man sagt « aus einer Hundeschnauze kommt kein Elfen-

bein », wenn man die Äußerungen anderer abwertet.

Früher hat man auf dem Land den Stammhaltern absichtlich einen misstönenden Namen gegeben, damit

die kleinen Teufelchen aus der Unterwelt sie nicht zu früh zu sich holen;

so hießen sie etwa « Zweiter Hund », « Hündchen » oder noch

besser « Vom Hund übrig gelassen ».

Und wie spricht ein chinesischer Hund? Er sagt: « Wang, wang. »

bēn chí hé bǎo mǎ
奔驰和宝马

shòu kāng huí jiā wǎn le yì liǎn bù gāo xìng
寿康回家晚了，一脸不高兴。

nǐ dào nǎ er qù le miàn tiáo dōu liáng le
“你到哪儿去了？面条都凉了！”

sān huán yòu dǔ le zhè me duō chē bù zhī dào jiāng lái
“三环又堵了！这么多车，不知道将来

zěn me bàn
怎么办。”

wǒ men yǐ qián qí zì xíng chē bú huì chí dào
“我们以前骑自行车，不会迟到，

kōng qì yòu hǎo yòu néng yùn dòng wáng nǎi nai shuō
空气又好，又能运动，”王奶奶说。

hā hā kōng qì hǎo sōng sōng shuō
“哈 — 哈，空气好！”松松说，

jiē shàng nǎ er hái yǒu qí chē de dì fāng nǎi nai
“街上哪儿还有骑车的地方？奶奶，

wǒ men zhī dào yǐ qián shén me dōu bǐ xiàn zài hǎo
我们知道，以前什么都比现在好。”

Benz und BMW

Shoukang kommt spät nach Hause und ist schlecht gelaunt.

« Wo bleibst du denn so lange? Die Nudeln sind schon ganz kalt. »

« Der dritte Ring war wieder mal total verstopft! Ich weiß auch nicht mehr, wohin das noch führen soll mit den vielen Autos. »

« Wir sind früher mit dem Rad gefahren. Da kam man pünktlich und hatte Bewegung an der frischen Luft », erwidert Oma Wang.

« Ha, ha, von wegen frische Luft », wirft Songsong ein.

« Für Radler ist heute auf den Straßen gar kein Platz mehr. Aber wir wissen schon, Oma, früher war alles besser. »

zì xíng chē shí dài yí qù bú fù fǎn le zì xíng chē wáng
自行车时代一去不复返了。自行车王

guó biàn chéng le qì chē wáng guó jīn tiān rú guǒ hái zài
国变成了汽车王国。今天如果还在

dà chéng shì qí zì xíng chē jiǎn zhí shì mào shēng mìng wēi xiǎn
大城市骑自行车，简直是冒生命危险。

běi jīng bèi tóng xīn yuán yí yàng de huán chéng gōng lù wéi rào
北京被同心圆一样的环城公路围绕，

xiàn zài yǐ jīng jiàn dào le liù huán shàng hǎi yòng gāo jià lù
现在已经建到了六环。上海用高架路

jiě jué jiāo tōng wèn tí dàn shì měi tiān hái shì jīng cháng xìng
解决交通问题。但是每天还是经常性

de fā shēng dǔ chē shèn zhì jiāo tōng tān huàn
地发生堵车，甚至交通瘫痪。

nán guài kōng qì zhè me bù hǎo rén men gè gè dōu dài zhe
难怪空气这么不好，人们个个都戴着

kǒu zhào wèi le gǎi shàn kōng qì zhì liàng zhèng fǔ guī dìng
口罩。为了改善空气质量，政府规定，

dān hào huò shuāng hào qì chē zhǐ néng zài bù tóng de rì zi xíng shǐ
单号或双号汽车只能在不同的日子行驶。

Die Ära der Radfahrer ist ein für alle Mal vorbei, aus dem

Reich der Radfahrer ist ein Reich der Autofahrer geworden. Wer heute in einer

chinesischen Großstadt aufs Fahrrad steigt, setzt sein Leben aufs Spiel.

Die Straßen umschließen Peking wie konzentrische Kreise;

inzwischen ist man schon beim sechsten Ring angelangt. In Shanghai

löst man das Verkehrsproblem durch Hochstraßen. Und

trotzdem kommt es regelmäßig zu Verkehrsstaus, wenn nicht gar zum Verkehrsinfarkt.

Kein Wunder, dass die Luft so schlecht ist und alle mit

Mundschutz unterwegs sind. Um die Luftqualität zu verbessern hat die Regierung festgelegt,

dass an bestimmten Tagen nur Autos mit geraden oder ungeraden Autonummern fahren dürfen.

shéi yǒu qián kě yǐ zài mǎi yí liàng chē dàn shì shì qing
谁有钱，可以再买一辆车。但是事情

méi yǒu nà me jiǎn dān wèi le xiàn zhì qì chē de kuài sù
没有那么简单。为了限制汽车的快速

zēng zhǎng bì xū tōng guò yáo hào cái néng huò dé xīn
增长，必须通过“摇号”才能获得新

chē pái yáo dào hào de chéng gōng lǜ zhǐ yǒu bǎifēn zhīwǔ dà dà
车牌。摇到号的成功率只有5 %，大大

yán cháng le děng dài shí jiān
延长了等待时间。

zhōng guó rén xǐ huan dà chē gèng xǐ huan jìn kǒu chē
中国人喜欢大车，更喜欢进口车，

zuì xǐ huan yǒu xiǎng liàng míng chēng de dé guó chē bēn chí
最喜欢有响亮名称的德国车：奔驰、

bǎo mǎ bǎo shí jié dà zhòng ào dí
宝马、保时捷、大众、奥迪。

céngjīng suǒ yǒu de zhōng guó chū zū chē dōu shì hóng sè
曾经，所有的中国出租车都是红色

de sāng tǎ nà yóu dì yī jiā zhōng dé dà zhòng hé zī
的桑塔纳，由第一家中德大众合资

qǐ yè shēng chǎn
企业生产。

Wer es sich leisten kann, schafft sich ein zweites Auto an. Aber

so einfach ist das nicht. Um den raschen Zuwachs an Autos zu

bremsen, werden neue Kennzeichen verlost.

Die Erfolgsquote liegt bei nur fünf Prozent, weshalb man

mit langen Wartezeiten rechnen muss.

Die Chinesen lieben große Autos, noch lieber sind ihnen importierte Autos

und am liebsten mögen sie die deutschen Autos mit ihren klangvollen Namen: Mercedes («Dahinrasen»),

BMW («Kostbares Pferd»), Porsche («Blitzschnelles Tempo»), Volkswagen («Volksmasse») und Audi («Ao-di»). Es gab mal

eine Zeit, als alle chinesischen Taxis rote

Santanas waren, hergestellt im Rahmen des ersten

chinesisch-deutschen Joint-Venture bei VW.

wèi le mǎi yí liàng háo chē hěn duō zhōng guó rén bù xī fù zhài
为了买一辆豪车，很多中国人不惜负债。

bìng bú shì tā men xū yào ér shì wèi le zài péng you yǔ tóng
并不是他们需要，而是为了在朋友与同

shì miàn qián xiǎn shì yǒu de rén shèn zhì huì qǐng fó jiào sì miào
事面前显示。有的人甚至会请佛教寺庙

lǐ de hé shang gěi chē kāi guāng hěn duō rén xǐ huan zài
里的和尚给车“开光”。很多人喜欢在

hòu shì jìng xià fāng guà yì zūn máo zhǔ xí xiàng zuò wéi hù lù
后视镜下方挂一尊毛主席像作为护路

shén yào xiǎng zài dà chéng shì zhǔn shí fù yuē zuì hǎo de bàn fǎ
神。要想在大城市准时赴约，最好的办法

shì bù kāi chē ér qù zuò dì tiě
是不开车，而去坐地铁。

Viele Chinesen verschulden sich, um sich ein Luxusauto anschaffen zu können,

nicht etwa, weil sie es brauchen, sondern um damit Freunde und Kollegen

zu beeindrucken. Manche gehen sogar so weit, in einem buddhistischen Tempel

eine Autosegnung vornehmen zu lassen. Andere

hängen sich ein Mao-Bild als Schutzpatron an den Rückspiegel.

Doch wer in großen Städten pünktlich zu einer Verabredung kommen will, lässt mittlerweile besser

das Auto stehen und nimmt die U-Bahn.

nǐ shǔ shén me
你属什么

wáng nǎi nai gēn cài fàn zi liáo tiān wèn tā
王奶奶跟菜贩子聊天，问他：

nǐ duō shǎo suì le
“你多少岁了？”

wǒ shǔ hóu
“我属猴。”

wǒ yě shì nán guài nǐ zǒng shì xiǎng shuǎ huā zhāo ne
“我也是。难怪你总是想耍花招呢，”

wáng nǎi nai xiào zhe shuō dàn shì wǒ bǐ nǐ dà yì lún
王奶奶笑着说，“但是我比你大一轮，

suǒ yǐ nǐ yīng gāi jiào wǒ dà jiě
所以你应该叫我大姐。”

zhōng guó de shēng xiào yóu shí èr gè dòng wù zǔ chéng
中国的生肖由十二个动物组成，

měi nián dōu yǒu yí gè shēng xiào cóng chūn jié yě
每年都有一个生肖，从春节，也

jiù shì dōng zhì hòu de dì èr gè xīn yuè kāi shǐ jì
就是冬至后的第二个新月开始。计

Welches Tier bist du?

Oma Wang schwatzt mit dem Gemüsehändler und fragt ihn:

«Wie alt bist du eigentlich?»

«Ich bin Affe.»

«Ich auch. Kein Wunder, dass du mich immer austricksen willst»,

erwidert Oma Wang lachend. «Aber ich bin vermutlich um einen Zwölferzyklus älter als du.

Eigentlich müsstest du mich Ältere Schwester nennen.»

Das chinesische Horoskop besteht aus zwölf Tierkreiszeichen.

Jedes Tier ist einem Jahr zugeordnet, das mit dem chinesischen Neujahr

am zweiten Neumond nach der Wintersonnenwende beginnt.

suàn shēng xiào de shí hòu yào zhù yì chūn jié de rì qī
算生肖的时候，要注意春节的日期。

zài dài biǎo nián líng de tóng shí shēng xiào yě fǎn yìng yí gè
在代表年龄的同时，生肖也反映一个

rén de xìng gé měi gè shēng xiào dōu jù yǒu zì jǐ de tè diǎn
人的性格。每个生肖都具有自己的特点。

shǔ xǐ huan zài rén qún lǐ yǒu mèi lì yōu mò
鼠：喜欢在人群里，有魅力，幽默，

dǒng de zhuàn qián
懂得赚钱。

niú nài xīn yǒu yuán zé yǒu xiē jué jiàng dàn shì shàn yì
牛：耐心，有原则，有些倔强，但是善意。

hǔ tè lì dú xíng hào dòu xǐ huan mào fēng xiǎn dà qì
虎：特立独行，好斗，喜欢冒风险，大气。

tù ān jìng yǒu zhí jué hào kè yǒu měi gǎn
兔：安静，有直觉，好客，有美感。

lóng lóng shì zuì shòu huān yíng de shēng xiào qiáng yǒu lì
龙：龙是最受欢迎的生肖，强有力，

rè qíng yǒu quán lì hé yǐng xiǎng lì
热情，有权力和影响力。

Wenn Sie also das Tierkreiszeichen Ihres Geburtsjahres ermitteln wollen, müssen Sie auf das Datum des chinesischen Neujahrs achten.

Neben dem Alter geben die Tierkreiszeichen auch Aufschluss

über den Charakter eines Menschen, denn jedem Tier sind bestimmte Eigenschaften zugeordnet.

Die Ratte: gesellig, charmant, witzig,

versteht Geld zu verdienen.

Der Büffel: geduldig, prinzipientreu, etwas stur, aber gutartig.

Der Tiger: einzelgängerisch, eine Kämpfernatur, wagemutig, großzügig.

Der Hase: still, intuitiv, gastfreundlich, mit Sinn für Schönheit.

Der Drache: Ist das beliebteste Tierkreiszeichen. Er ist stark

und enthusiastisch, hat Macht und Einfluss.

shé yě jiào xiǎo lóng jī zhì yǒu xiū yǎng yǒu lǐ mào
蛇：也叫小龙，机智，有修养，有礼貌。

mǎ kě qīn yǒu qīn hé lì yǒu lì liàng gōng zuò qín kěn
马：可亲，有亲和力，有力量，工作勤恳。

yáng yǒu chuàng zào lì yǒu shì yìng néng lì xǐ huan
羊：有创造力，有适应能力，喜欢

piào liang de dōng xī
漂亮的东西。

hóu huī xié hào dòng hào qí jī zhì
猴：诙谐，好动，好奇，机智。

jī xǐ huan piào liang de wài biǎo yǔ zhòng bù tóng
鸡：喜欢漂亮的外表，与众不同，

néng gàn jiāo ào
能干，骄傲。

gǒu guān xīn bié rén zhōng chéng cōng míng xǐ huan hé xié
狗：关心别人，忠诚，聪明，喜欢和谐。

Die Schlange: wird auch kleiner Drache genannt. Sie ist intelligent, kultiviert und höflich.

Das Pferd: Liebenswert, unterhaltsam, voller Energie und hart arbeitend.

Die Ziege: Kreativ, anpassungsfähig, mag

schöne Dinge.

Der Affe: witzig, immer in Bewegung, neugierig und clever.

Der Hahn: putzt sich heraus und liebt das Extravagante,

tüchtig und stolz.

Der Hund: fürsorglich, loyal, intelligent und harmoniebedürftig.

zhū shòu xǐ ài de shēng xiào lè yú zhù rén
猪：受喜爱的生肖。乐于助人，

kuān róng yǒu hǎo
宽容，友好。

guān yú shēng xiào de lái lì yǒu hěn du shuō fǎ qí zhōng
关于生肖的来历有很多说法，其中

de yí gè shì
的一个是：

wèi le fēn pèi shí èr gè shēng xiào tiān dì qǐng le suǒ
为了分配十二个生肖，天帝请了所

yǒu de dòng wù lái dào tiān shàng dà jiā kāi shǐ bēn pǎo
有的动物来到天上。大家开始奔跑，

niú pǎo zài zuì qián mian lǎo shǔ de tuǐ tài duǎn
牛跑在最前面。老鼠的腿太短，

wèi le kuài yì diǎn tā tiào dào le niú de bèi shàng
为了快一点，它跳到了牛的背上。

dào dá tiān shàng de shí hou lǎo shǔ yí xià zi tiào dào
到达天上的时候，老鼠一下子跳到

le dì shàng chéng wèi dì yī míng jiù zhè yàng lǎo
了地上，成为第一名。就这样，老

shǔ chéng le shēng xiào lǐ de dì yī gè dòng wù
鼠成了生肖里的第一个动物。

Das Schwein: ebenfalls ein sehr beliebtes Zeichen. Es ist hilfsbereit, tolerant und freundlich.

Um den Ursprung der Tierkreiszeichen ranken sich viele Geschichten. Eine davon lautet:

Um den Zwölferzyklus einzuteilen bestellte der Himmelsgott die Tiere zu sich in den Himmel. Alle rannten los, voran der Büffel. Die Ratte mit ihren kurzen Beinen sprang dem Büffel auf den Rücken, um schneller vorwärtszukommen.

Als sie im Himmel ankamen, sprang sie herunter und war die Erste in der Reihe. Deshalb wurde die Ratte die Nummer eins im Tierkreis.

shēngxiào zàirìchángshēnghuózhōngfēichángzhòngyào
生肖在日常生活中非常重要。

zhǎo zhōngshēng bànlǚ de shí hou shuāng fāngde shēngxiào
找终生伴侣的时候，双方的生肖

yàoxiāng pèi xǔ duō fù mǔ xī wàng shēng yí gè lóng bǎo bǎo
要相配。许多父母希望生一个龙宝宝，

hǔ bǎo bǎo huò zhū bǎo bǎo jí shǐ xū yào pōu fù chǎn
虎宝宝或猪宝宝，即使需要剖腹产

zuò wéi dài jià yě xīn gān qíng yuàn
作为代价也心甘情愿。

Der Tierkreis spielt im chinesischen Alltagsleben eine wichtige Rolle.

Bei der Partnerwahl achtet man darauf, dass die Tiere zueinander passen. Viele Eltern wünschen sich ein Drachen-, Tiger- oder Schweinebaby, auch wenn ein Kaiserschnitt der Preis dafür ist.

shàng wǎng
上网

nǎi nai jīn tiān wǒ xiǎng gěi nǐ jiàn yí gè wēi xìn qún
“奶奶，今天我想给你建一个微信群，
ràng nǐ gēn nǐ de jiě mèi men liáo tiān sōng sōng yí jìn
让你跟你的姐妹们聊天。”松松一进
jiā mén jiù shuō
家门就说。

zhè yòu shì shén me xīn cháo wán yì er
“这又是什么新潮玩意儿？”

nǐ kě yǐ gēn guǎng chǎng wǔ dà mā men yuē hǎo shén me
“你可以跟广场舞大妈们约好什么
shí hou qù gōng yuán pèng tóu huò zhě jiāo huàn měi shí
时候去公园碰头，或者交换美食
zuò fǎ hé sūn zi sūn nǚ de zhào piàn
做法和孙子孙女的照片。”

shì a bié rén dōu yǒu wēi xìn le kě shì wǒ
“是啊，别人都有微信了。可是我
bù dǒng nà xiē wǎng shàng de dōng xi
不懂那些网上的东西…”

méi wèn tí nǎi nai yǒu wǒ ne
“没问题奶奶，有我呢。”

Im Netz

« Hallo Oma, heute möchte ich dir eine WeChat-Gruppe einrichten,

damit du mit deinen Freundinnen chatten kannst », begrüßt

Songsong sie schon an der Tür.

« Was ist denn das wieder für ein neumodischer Quatsch ? »

« Da kannst du mit deinen Tanztanten ausmachen, wann ihr

euch im Park trefft, oder Rezepte

und Enkelfotos austauschen. »

« Stimmt, die anderen haben alle schon WeChat,

aber ich verstehe doch viel zu wenig von diesem Netz-Zeug. »

« Keine Sorge, Oma, dafür bin ich ja da. »

zài zhōng guó shè jiāo wǎng luò bǐ zài shì jiè qí tā
在中国，社交网络比在世界其他

guó jiā fā zhǎn de kuài méi yǒu wǎng luò hé zhì néng
国家发展得快。没有网络和智能

shǒu jī de rì zi yǐ jīng shì bù néng xiǎng xiàng de le
手机的日子，已经是不能想象的了。

yǒu le shǒu jī dài lái le fāng biàn dàn shì rén yòu
有了手机，带来了方便，但是人又

chéng le shǒu jī de nú lì zǒu lù kàn shǒu jī
成了手机的奴隶。走路看手机，

zuò gōng jiāo hé dì tiě yě kàn chī fàn yě kàn
坐公交和地铁也看，吃饭也看，

jiù lián shàng cè suǒ de shí hou yě kàn rén men jiāo
就连上厕所的时候，也看。人们交

liú xìn xī yào kào wēi xìn xiǎng mǎi xīn yí de dōng xī
流信息要靠微信。想买心仪的东西，

kě yǐ wǎng gòu bǐ fāng zài táo bǎo xiǎng zhǎo yí gè lǐ
可以网购，比方在淘宝。想找一个理

xiǎng de bàn lǚ jiù kě yǐ zài hūn liàn wǎng zhàn
想的伴侣，就可以在婚恋网站

wǎng shàng hóng niáng dēng jì dàn shì rú guǒ jiāo wǎng
“网上红娘”登记。但是如果交往

In China ist die Entwicklung der sozialen Netzwerke schon

weiter fortgeschritten als in anderen Ländern. Ein Leben ohne
Internet und Smartphone

ist nicht mehr denkbar.

Das Handy erleichtert zwar das Leben, macht den Mensch

aber zu seinem Sklaven. Selbst beim Gehen schaut man
darauf,

beim Fahren in Bus und U-Bahn, beim Essen,

ja sogar auf der Toilette. Soziale Kontakte

laufen über Netzwerke wie «Weixin» (WeChat), bei Internet-
händlern

wie «Taobao» (Schatzgräber) bestellt man, was das Herz

begehrt, und wer seinen Traumpartner sucht, wendet sich an

Kontaktbörsen wie die «Heiratsvermittlerin im Netz». Doch
wenn man

hòu zhōng yú yǔ wǎng liàn jiàn miàn jiù dà shī suǒ wàng
后终于与网恋见面就大失所望，

yòng wǎng shàng yǔ yán jiù jiào jiàn guāng sǐ
用网上语言就叫“见光死”。

hù lián wǎng chǎn shēng le yì zhǒng xīn de yǔ yán
互联网产生了一种新的语言——

wǎng luò yǔ yán zhè shì yì zhǒng chōng mǎn le chuàng zào xìng
网络语言，这是一种充满了创造性

hé wén zì yóu xì de dú tè yǔ yán shì wǎng mín
和文字游戏的独特语言，是网民，

tè bié shì wǎng chóng zài wǎng luò jiāo liú shí shǐ yòng de yǔ yán
特别是网虫在网络交流时使用的语言。

tā de tè diǎn shì jiǎn jié shēng dòng bú shòu rèn hé
它的特点是简洁，生动，不受任何

yǔ fǎ de xiàn zhì wǎng luò yǔ yán yě shǐ yòng lā
语法的限制。网络语言也使用拉

dīng zì mǔ huò shù zì wǎng chóng xiǎng shuō xiè xiè jiù yòng
丁字母或数字。网虫想说谢谢，就用

sān kè yóu lái biǎo shì xiǎng kū jiù xiě
3KU（三克油）来表示。想哭就写

wū wū wū zhōng guó rén de guó mà
555(呜呜呜)，中国人的“国骂”

seine Netzliebe endlich persönlich kennenlernt, kann es zu

herben Enttäuschungen kommen, dafür hat die Netzgemeinde den Ausdruck «bei Licht tot» geprägt.

Überhaupt hat das Internet eine neue Sprache – die Netzsprache –

mit fantasievollen Neuschöpfungen

und Wortspielen hervorgebracht; es ist die Sprache, die das «Netzvolk»,

insbesondere die «Netzwürmer», bei der Kommunikation im Netz benutzen.

Sie ist möglichst knapp und lebendig und unterliegt keinen grammatischen Regeln. Auch lateinische Buchstaben

und Ziffern kommen vor.

Seinen Dank drückt der Netzwurm durch die drei Zeichen

«3KU» aus (gelesen: San-ke-you, wörtlich «drei Gramm Öl»). Wenn einem zum Heulen ist, so reichen 3 Ziffern:

«555» (gelesen: Wuwuwu), und das Nationalschimpfwort

shì tā mā de wǎng shàng de xīn shǒu jiào
是 TMD (他妈的)。网上的新手叫“

cài niǎo zài wǎng shàng huí jī yí gè rén jiào pāi bǎn zhuān
菜鸟”，在网上回击一个人叫“拍板砖”。

xiàng zài qí tā dì fāng yí yàng zhōng guó de hù lián wǎng
像在其他地方一样，中国的互联网

yě shòu dào hēi kè de chōng jī wèi le zǔ zhǐ hēi
也受到“黑客”的冲击。为了阻止黑

kè xí jī jiān cè bú shòu huān yíng de nèi róng zhèng fǔ
客袭击，监测不受欢迎的内容，政府

qǐ dòng le míng wéi jīn dùn de fáng huǒ qiáng ruǎn jiàn
启动了名为“金盾”的防火墙软件。

dàn cōng míng de yòng hù hái shì jīng cháng néng yuè guò fáng huǒ qiáng
但聪明的用户还是经常能越过防火墙。

hǎo le shuō gòu le qiān wàn bié wàng le gěi nǚ péng yǒu
好了，说够了。千万别忘了，给女朋友

fā yì tiáo zhù wǎn ān de xìn xī kě yǐ shì zhè
发一条祝晚安的信息，可以是这

ge yàng zi de
个样子的：“PLMM, ILU, CU”

piào liang mèi mèi wǒ ài nǐ zài jiàn
(漂亮妹妹，我爱你，再见)。

wird als TMD (gelesen ta ma de, « fuck you ») abgekürzt.
Ein Neuling im Netz

ist ein « Gemüsevogel » und wenn man im Netz aggressiv reagiert, wirft man dem anderen « einen Ziegelstein an den Kopf ».
Wie überall wird auch das chinesische Internet

von Hackern, den sogenannten « Heike » (schwarze Besucher), angegriffen. Um Attacken

von Hackern zu unterbinden und unerwünschte Inhalte zu kontrollieren hat die Regierung

eine Firewall-Software mit dem Namen « Goldener Schild » entwickelt.

Aber immer wieder gelingt es cleveren Nutzern, die Mauer zu überspringen.

Doch genug geredet. Hauptsache, man vergisst nicht, seiner

Freundin einen elektronischen Gute-Nacht-Gruß zu schicken,

der so lauten könnte: « PLMM, ILU, CU »

(« Hübsche Kleine, I love you, see you »).

wáng nǎi nai shuō xià tiān yǎng shēng
王奶奶说夏天养生

jīn tiān wǒ kàn dào duì miàn de nǚ hái chuān zhe lù qí
“今天我看到对面的女孩穿着露脐

zhuāng shàng bān qù le wáng nǎi nai shuō
装上班去了，”王奶奶说。

duō kù a sōng sōng huí dá
“多酷啊，”松松回答。

nǐ zhī dào shén me ā tā zhěng tiān zuò zài bīng lěng
“你知道什么啊，她整天坐在冰冷

de kōng tiáo bàn gōng shì lòu zhe dù zi duō shāng shèn ā
的空调办公室露着肚子，多伤肾啊。”

nǎi nai nǐ yì diǎn yě bù dǒng xiàn zài shén me
“奶奶，你一点也不懂现在什么in。”

Oma Wang über Gesundheit im Sommer

«Heute habe ich doch tatsächlich die Kleine von gegenüber gesehen, wie sie mit freiem Bauchnabel

zur Arbeit gegangen ist», sagt Oma Wang.

«Ist doch cool», erwidert Songsong.

«Was weißt du schon. Sie sitzt den ganzen Tag mit nacktem

Bauch im eiskalten Großraumbüro. Das schädigt doch ihre Nieren.»

«Ach Oma, du weißt überhaupt nicht, was heutzutage ‹in› ist.»

zài yán rè de xià tiān hán lěng de dōng xī bù yí dìng
在炎热的夏天寒冷的东西不一定

xiāo shǔ fǎn ér huì yǐng xiǎng jiàn kāng bǐ fāng shuō guò táng
消暑，反而会影响健康，比方说，过堂

fēng xǐ lěng shuǐ zǎo hē lěng yǐn tài lěng de kōng tiáo
风、洗冷水澡、喝冷饮、太冷的空调。

xià tiān xīn chén dài xiè kuài tū rán de lěng cì jī huì
夏天新陈代谢快。突然的冷刺激会

jiàng dī miǎn yì lì duì shēn tǐ lái shuō zuì hǎo de shí
降低免疫力。对身体来说，最好的食

wù shì xìng liáng de shí wù rú xī guā zài zhōng guó
物是性凉的食物，如西瓜。在中国，

rén men bù zhǐ chī hóng sè de guā ròu yě chī lǜ sè
人们不只吃红色的瓜肉，也吃绿色

de bù fen
的部分。

xī guā chǎo zhū ròu
西瓜炒猪肉

xī guā ròu lǜ sè èr bǎi wǔshí kè zhū lǐ ji èr bǎi wǔshí kè
西瓜肉（绿色）250 克，猪里脊250 克，

yán liào jiǔ liǎng tāng chí yù mǐ fěn yì chá chí
盐，料酒2汤匙，玉米粉1茶匙，

Kaltes bringt im Hochsommer nicht immer Erleichterung,

sondern birgt auch Gefahren für die Gesundheit, zum Beispiel

Zugluft, kaltes Duschen, eiskalte Getränke oder zu kalt eingestellte Klimaanlagen.

Im Sommer ist der Stoffwechsel besonders aktiv, ein Kälteschock

kann die Immunabwehr schwächen. Besser für den Köper ist es,

wenn man Nahrungsmittel mit kühlender Eigenschaft zu sich nimmt, wie etwa Wassermelone. In China isst man nicht nur

das rote Fruchtfleisch, sondern auch

das grüne.

Wassermelonenfleisch mit Schweinefilet

250 g grünes Melonenfleisch, 250 g Schweinefilet, Salz, 2 EL

Kochwein (oder Sherry), 1 TL Speisestärke,

shí yóu jī tāng
食油，鸡汤。

qiē diào xī guā wài pí yú xià de guā ròu qiē tiáo
切掉西瓜外皮，余下的瓜肉切条，

yòng yán yān yí xià zhū ròu qiē sī yòng yán liào jiǔ
用盐腌一下。猪肉切丝，用盐、料酒

hé yù mǐ fěn bàn yún
和玉米粉拌匀。

rè yóu chǎo ròu sī zhuāng pán guō nèi fàng bàn bēi jī tāng
热油，炒肉丝，装盘。锅内放半杯鸡汤，

shāo kāi fàng xī guā tiáo zhǔ ruǎn jiā zhū ròu sī
烧开。放西瓜条，煮软。加猪肉丝。

Speiseöl, Hühnerbrühe

Die harte Außenschale entfernen und das grüne Melonenfleisch in Streifen schneiden

und salzen. Schweinfleisch in feine Streifen schneiden, mit Salz, Kochwein

und Speisestärke marinieren.

Öl in einer Pfanne erhitzen, die Fleischstreifen unter Wenden anbraten und anschließend herausnehmen. Mit einer halben Tasse Hühnerbrühe
aufgießen und kurz aufkochen. Darin die Melonenstreifen weichkochen und das Fleisch zugeben.

guān yú sè cǎi
关于色彩

chūn jié kuài dào le wáng nǎi nai hé tā de ér xí zhèng
春节快到了，王奶奶和她的儿媳正

zài zhuāngshìkètīng
在装饰客厅。

lìméi nǐ bǎ qù nián de hóng jiǎn zhǐ fàng dào nǎ er
“丽梅，你把去年的红剪纸放到哪儿

qù le
去了？”

mā nǐ kàn nà er wǒ yǐ jīng bǎ jiǎn zhǐ tiē dào
“妈，你看那儿，我已经把剪纸贴到

chuāng zi shàng le
窗子上了。”

kě shì fú zì hái méi yǒu ne
“可是福字还没有呢。”

nà me wǒ men bǎ fú zì guà zài mén shàng ba
“那么我们把福字挂在门上吧。”

liǎng gè rén mǎn yì de kàn zhe fáng jiān
两个人满意地看着房间。

zhēn de shì hóng hóng huǒ huǒ ā wáng nǎi nai shuō
“真的是红红火火啊！”王奶奶说。

Kleine Farbenlehre

Das Neujahrsfest steht vor der Tür. Oma Wang und ihre Schwiegertochter dekorieren das Wohnzimmer.

«Limei, wo hast du denn die roten Scherenschnitte vom letzten Jahr hingelegt?»

«Schau doch, Mutter. Ich habe sie schon ans Fenster geklebt.»

«Aber das Glückszeichen fehlt noch.»

«Hängen wir es doch an die Tür.»

Befriedigt sehen sich die beiden im Zimmer um.

«Jetzt herrscht richtige Festtagsstimmung», sagt Oma Wang.

zhōng guó chuán tǒng wén huà zhōng de sè cǎi shì gēn jù wǔ xíng
中国传统文化中的色彩是根据五行

de xué shuō lái dìng de
的学说来定的：

hēi dài biǎo shuǐ chì hóng dài biǎo huǒ
黑代表水，赤（红）代表火，

qīng lán huò lǜ dài biǎo mù bái dài biǎo jīn
青（蓝或绿）代表木，白代表金，

huáng dài biǎo tǔ dàn shì rì cháng shēng huó zhōng měi zhǒng
黄代表土。但是日常生活中每种

yán sè dōu yǒu duō céng de hán yì
颜色都有多层的含义：

hóng sè
红色

zhōng guó rén zuì xǐ huan de yán sè shì hóng sè xiàng zhēng
中国人最喜欢的颜色是红色，象征

jí xiáng hé xǐ qìng guò nián de shí hou yào guà hóng
吉祥和喜庆。过年的时候要挂红

dēng long dà mén liǎng biān tiē hóng sè de duì lián
灯笼，大门两边贴红色的对联，

xiǎo hái zi huì dé dào hóng bāo shì bāo zài hóng zhǐ lǐ
小孩子会得到红包，是包在红纸里

In der traditionellen chinesischen Kultur werden die Farben den fünf Elementen

zugeordnet:

Schwarz repräsentiert Wasser, rot Feuer,

blau beziehungsweise grün Holz, weiß Metall

und gelb Erde. Aber im alltäglichen Leben kommen den

einzelnen Farben vielfältige Bedeutungen zu:

Rot

Rot ist die bei den Chinesen beliebteste Farbe. Es die Farbe des

Glücks und des Feierns. Zu Neujahr werden rote Laternen auf-

gehängt, zu beiden Seiten der Tür werden rote Spruchbänder angeklebt

und Kinder erhalten ein Geldgeschenk im roten

de yā suì qián
的压岁钱。

zài zhōng guó chuán tǒng de jié hūn lǐ fú shì hóng sè de
在中国，传统的结婚礼服是红色的，

xīn fáng hé lǐ táng guà shàng hóng sè de xǐ zì nián qīng rén
新房和礼堂挂上红色的囍字。年轻人

xiàn zài yě fēi cháng xǐ ài chuān xī fāng de bái sè hūn shā
现在也非常喜爱穿西方的白色婚纱。

hóng sè zài zhèng zhì yǔ yán zhōng dài biǎo zhèng néng liàng
红色在政治语言中代表正能量，

hóng sè shì gé mìng de yán sè zhè zhǒng lái zì qián sū
红色是革命的颜色，这种来自前苏

lián de yǐng xiǎng zài zhōng guó xùn sù kuò dà bǐ fāng shuō
联的影响在中国迅速扩大，比方说：

hóng jūn hóng qí hóng qū dōng fāng hóng hóng tài yáng
红军、红旗、红区、东方红、红太阳

máo zhǔ xí zhào yào yí qiè
毛主席照耀一切。

hóng sè zài jīng jì lǐng yù yě shì zhèn miàn de qǐ
红色在经济领域也是正面的，企

yè zài nián dǐ fēn gěi yuán gōng de shì hóng lì
业在年底分给员工的是红利。

Umschlag.

Traditionell wird in China in rot geheiratet.

Brautgemach und Festsaal werden mit roten Zeichen für doppeltes Glück geschmückt. Bei jungen Leuten

ist mittlerweile auch das westliche weiße Hochzeitskleid sehr beliebt.

Auch in der Politik ist die Farbe Rot positiv besetzt.

Rot bedeutet Revolution. Dieser aus der Sowjetunion

übernommene Einfluss verbreitete sich daher auch rasch in China:

rote Armee, rote Fahnen, rote Gebiete, man singt «Der Osten

ist rot» und über allem strahlt «die rote Sonne Mao Zedong».

Selbst in der Wirtschaft zeigt die Farbe ihre positive Seite.

Wenn eine Firma am Jahresende Dividende ausschüttet, spricht man von «rotem Profit».

hēi sè
黑色

gǔ dài rén rèn wéi hēi sè shì tiān de yán sè
古代人认为黑色是天的颜色。

gōng yuán qián èr èr yī nián qín shǐ huáng tǒng yī zhōng guó
公元前 221 年秦始皇统一中国，

jiāng fú zhuāng hé qí zhì dìng wèi hēi sè hàn dài yǐ
将服装和旗帜定为黑色。汉代以

hòu huáng sè cái chéng wéi huáng jiā de zhuān yòng sè cǎi
后黄色才成为皇家的专用色彩，

yīn wéi huáng sè jìn sì jīn sè
因为黄色近似金色。

hēi sè yì zhí yǒu zhe shuāng miàn de hán yì yì fāng miàn xiàng
黑色一直有着双面的含义，一方面象

zhēng zhèng yì hé yán sù lìng yì fāng miàn yě xiàng zhēng xié è
征正义和严肃，另一方面也象征邪恶，

bǐ rú hēi xīn cháng zhǐ xié è de rén zài xiàn dà
比如“黑心肠”指邪恶的人。在现代

zhèng zhì yǔ yán zhōng hēi sè wǎng wǎng biǎo shì fǎn dòng
政治语言中，黑色往往表示反动，

lì rú hēi bāng mù hòu hēi shǒu lìng wài
例如“黑帮”“幕后黑手”，另外

Schwarz

Im Altertum hielt man schwarz für die Farbe des Himmels.

Bei der Reichseinigung 221 v. Chr. legte Qin Shi Huangdi

schwarz als Farbe für höfische Kleidung und Banner fest. Erst

nach der Han-Zeit setzte sich gelb als kaiserliche Farbe durch,

weil es Gold ähnelt.

Die Farbe Schwarz hatte stets zwei Gesichter. Auf der einen

Seite symbolisiert sie Gerechtigkeit und Seriosität, aber auch das Böse,

wie die Redewendung «Schwarzes Herz und schwarze Gedärme» (Bösewicht) zeigt. Im modernen

politischen Sprachgebrauch wird schwarz den Reaktionären

zugeordnet, zum Beispiel «die schwarze Bande» oder «die schwarze Hand hinter dem Vorhang» für jemanden, der im

hái yǒu hēi míng dān hēi shì hēi qián
还有“黑名单”，“黑市”，“黑钱”。

qīng sè
青色

qīng dài biǎo lán sè huò lǜ sè liǎng zhě de jiè xiàn bú
青代表蓝色或绿色，两者的界限不

tài qīng chu bǐ fāng shuō qīng tiān jiù shì lán tiān
太清楚。比方说，青天就是蓝天，

qīng shān shì lǜ sè de shān xiàng zài xī fāng yí yàng
青山是绿色的山。像在西方一样，

lǜ sè xiàng zhēng chūn tiān huó lì hé kāi shǐ
绿色象征春天，活力和开始。

qīng chūn huò qīng nián shì làng màn de nián qīng shí dài
青春或青年是浪漫的年轻时代。

bái sè
白色

bái sè xiàng zhēng guāng míng hé chún jié dàn tóng shí
白色象征光明和纯洁，但同时

yòu xiàng zhēng wú shēng mìng hé wú xuè sè sǐ wáng hé xiōng zhào
又象征无生命和无血色，死亡和凶兆。

suǒ yǐ chuán tǒng shàng qīn shǔ yào chuān zhuó bái sè de yī fu cān
所以传统上亲属要穿着白色的衣服参

Hintergrund die Fäden zieht. Auch in China kennt man « die schwarze Liste », den « Schwarzmarkt » und das « Schwarzgeld ».

Blau/Grün

Qing kann blau, aber auch grün bedeuten, der Übergang zwischen beiden Farben

ist fließend. Qing tian bedeutet blauer Himmel,

während qing shan die grünen Berge sind. Ähnlich wie im Westen steht

diese Farbe für Frühling, Dynamik und Neubeginn.

« Der grüne Frühling » oder die « grünen Jahre » sind daher Umschreibungen für die romantische Jugendzeit.

Weiß

Weiß symbolisiert Helligkeit und Reinheit, zugleich aber auch

Leblosigkeit und Blutleere, Sterben und ein schlechtes Omen.

Bei traditionellen Beerdigungen tragen die Angehörigen weiße Trauerkleidung,

jiā zàng lǐ líng táng yě bù zhì chéng bái sè de bái sè
加葬礼，灵堂也布置成白色的。白色

shì hóng sè de fǎn miàn suǒ yǐ jīng jù zhōng de jiān xióng liǎn
是红色的反面，所以京剧中的奸雄脸

pǔ shì bái sè de
谱是白色的。

chū le lì ér dé bu dào hǎo chù jiào bái gàn bái bái làng
出了力而得不到好处叫白干，白白浪

fèi shí jiān
费时间。

huáng sè
黄色

huáng sè shì zhōng xīn sè dà dì de yán sè
黄色是中心色，大地的颜色。

huáng sè cháng qī shì huáng quán de biāo zhì zhǐ yǒu huáng dì
黄色长期是皇权的标志。只有皇帝

cái kě yǐ chuān huáng sè de wáng páo chéng huáng sè de
才可以穿黄色的王袍，乘黄色的

jiào zi huáng gōng de wǎ shì huáng sè de
轿子，皇宫的瓦是黄色的。

huáng sè yòu shì chāo fán tuō sú de yán sè fó jiào de hé
黄色又是超凡脱俗的颜色，佛教的和

und der Traueraltar wird weiß geschmückt. Weiß gilt als Gegensatz von Rot, weshalb die hinterlistigen Charaktere in der Pekingoper meist weiße Masken tragen. Bai kann auch Vergeblichkeit bedeuten, zum Beispiel in Ausdrücken wie «sich vergeblich mühen» oder «Zeit verschwenden».

Gelb

Gelb ist die Farbe der Mitte und der Erde. Lange war diese Farbe der kaiserlichen Macht vorbehalten, nur der Kaiser durfte sich in Gelb kleiden, ließ sich in einer gelben Sänfte herumtragen, und die Dachziegel seines Palastes waren ebenfalls gelb.

Gleichzeitig steht Gelb auch für die Freiheit von weltlichen Sorgen. Buddhistische

shang chuān huáng sè de jiā shā　sì miào de qiáng shì huáng sè de
尚穿黄色的袈裟，寺庙的墙是黄色的。

sè qíng wén xué yě jiào huáng sè shū kān　zhèng fǔ jīng cháng
色情文学也叫黄色书刊，政府经常

fā dòng sǎo huáng de yùn dòng
发动扫黄的运动。

Mönche tragen gelbe Kutten, und die Mauern ihrer Klöster sind gelb.

Pornographische Literatur wird als «gelbe Bücher und Zeitschriften» bezeichnet. Immer wieder ruft die Regierung daher zu Kampagnen auf, um «das Gelb wegzufegen».

zài cài chǎng

在菜场

měi tiān ér zi hé ér xí shàng bān yǐ hòu wáng nǎi nai
每天儿子和儿媳上班以后，王奶奶

jiù qù guǎi jiǎo de cài chǎng mǎi cài cài fàn zi dōu shì
就去拐角的菜场买菜。菜贩子都是

lǎo xiāng shí dà jiā dōu xiǎng zhāo hū wáng nǎi nai dào
老相识。大家都想招呼王奶奶到

tā men de tān zi qù
他们的摊子去。

wáng nǎi nai jīn tiān de bō cài tè bié xīn xiān
“王奶奶，今天的菠菜特别新鲜，

jīn tiān zǎo shang gāng gē de lǐ dà gē shuō
今天早上刚割的！”李大哥说。

duō shǎo qián a
“多少钱啊？”

liǎng kuài wǔ yì jīn gěi nǐ pián yi diǎn
“两块五一斤，给你便宜点。”

xíng yào yí jīn hái yào liǎng ge qié zi sān gè
“行，要一斤，还要两个茄子，三个

huáng guā zài jiā yì gè bái luó bo chà bu duō le
黄瓜，再加一个白萝卜。差不多了。

Auf dem Markt

Jeden Tag, nachdem Sohn und Schwiegertochter zur Arbeit

gegangen sind, kauft Oma Wang

in der Markthalle um die Ecke ein. Die Gemüsehändler sind

alte Bekannte, jeder versucht, sie an seinen Stand zu locken.

«Oma Wang, heute gibt's besonders frischen Spinat.

Heute Morgen geerntet», ruft Großer Bruder Li.

«Was soll er denn kosten?»

«Zweieinhalb Yuan das Pfund. Sonderpreis für dich.»

«In Ordnung, ich nehme ein Pfund. Und dann brauche ich noch zwei Auberginen, drei

Gurken, und gib mir noch einen weißen Rettich dazu.

yí gòng duō shǎo qián
一共多少钱？”

shí liù kuài bā máo sān
“十六块八毛三。”

lái gè zhěng shù gěi nǐ shí sì kuài
“来个整数，给你十四块。”

āi yōu nín hái ràng bú ràng wǒ men huó le dé le
“哎哟，您还让不让我们活了？得了，

shí wǔ kuài
十五块。”

wáng nǎi nai mǎn yì de bǎ cài sāi jìn wǎng dōu lǐ dà
王奶奶满意地把菜塞进网兜，李大

gē yòu wǎng lǐ bian fàng le liǎng kē cōng
哥又往里边放了两棵葱。

wáng nǎi nai jiē zhe zǒu dào le yú tān tā zhǐ zhe shuǐ
王奶奶接着走到了鱼摊。她指着水

tǒng lǐ de yī tiáo lú yú shuō yào zhè tiáo
桶里的一条鲈鱼说：“要这条。”

yú fàn zi dāng zhe wáng nǎi nai de miàn shā le yú qù le
鱼贩子当着王奶奶的面，杀了鱼，去了

lín chú diào nèi zàng bǎ nèi zàng rēng dào dì shàng
鳞，除掉内脏，把内脏扔到地上，

Ich glaube, das wär's. Was macht das zusammen?»

«Sechzehn Yuan dreiundachtzig.»

«Machen wir einen runden Preis – vierzehn.»

«Herrjeh – willst du mich und meine Familie ins Unglück stürzen? Na gut,

fünfzehn.»

Zufrieden stopft Oma Wang alles in ihr Einkaufsnetz. Großer Bruder Li

legt noch zwei Lauchstangen dazu.

Anschließend geht sie zum Fischstand, deutet auf

einen Barsch im Bottich und sagt: «Den da.»

Vor den Augen von Oma Wang wird er getötet, geschuppt und ausgenommen.

Der Händler wirft die Eingeweide auf den Boden,

mǎ shàng yǒu yī zhī māo pǎo guò lái
马上有一只猫跑过来。

dà jiā dōu xià bān huí jiā le wáng nǎi nai bǎ cài duān
大家都下班回家了。王奶奶把菜端

dào fàn zhuō shàng
到饭桌上。

mā nín yòu zuò le zhè me duō hǎo cài
“妈，您又做了这么多好菜！”

shì à dōu shì jīn tiān gāng cóng cài chǎng mǎi de
“是啊，都是今天刚从菜场买的！”

nín bù xiǎng huàn dào chāo shì mǎi cài ma nà bú shì
“您不想换到超市买菜吗？那不是

gèng wèi shēng ma
更卫生吗。”

wǒ nǎ li zhī dào nà xiē sù liào bāo zhuāng de dōng xi
“我哪里知道那些塑料包装的东西

zài huò jià shàng fàng le duō jiǔ le wǒ mǎi zhè tiáo yú
在货架上放了多久了？我买这条鱼

de shí hòu tā hái huó zhe ne ér qiě hái pián yi
的时候，它还活着呢。而且还便宜，

wǒ néng kǎn jià
我能砍价。”

wo sich sofort eine Katze darauf stürzt.

Als abends alle wieder zu Hause sind, bringt Oma Wang ihre

Gerichte auf den Tisch.

« Mutter, du hast wieder wunderbar gekocht. »

« Ja, alles frisch vom Markt. »

« Willst du nicht lieber im Supermarkt einkaufen? Das ist doch

hygienischer. »

« Woher soll ich denn wissen, wie lange die in Plastik verpackten Lebensmittel

schon im Regal liegen? Als ich diesen Fisch gekauft habe, lebte

er noch. Außerdem ist es billiger,

weil ich feilschen kann. »

yě jiù nín xiāng xìn wǒ yǒu yí gè hǎo bàn fǎ
“也就您相信。我有一个好办法，”

sōng sōng chā zuǐ yǐ hòu wǒ men jiào wài mài hǎo le
松松插嘴，“以后我们叫外卖好了。”

«Das glaubst auch nur du, Oma. Ich habe eine bessere Lösung»,

mischt Songsong sich ein. «In Zukunft lassen wir uns fertiges Essen vom Kurier bringen.»

kǎ lā ou kei yǔ guǎng chǎng wǔ
卡拉OK与广场舞

jīn tiān shì xīng qī rì èr wèi nǚ shì bú bì zài chú
“今天是星期日，二位女士不必在厨

fáng láo dòng le mǒ men qù yú lè dà shì jiè chī chī fàn
房劳动了。我们去娱乐大世界吃吃饭，

chàng chàng gē hǎo bù hǎo
唱唱歌，好不好？”

hǎo zhǔ yì lì méi shuō
“好主意，”丽梅说。

zài yú lè dà shì jiè de yí gè bāo jiān lǐ dà jiā
在娱乐大世界的一个包间里，大家

kāi shǐ zài qǔ mù dān shàng zhǎo gè zì xǐ huan de gē
开始在曲目单上找各自喜欢的歌

qǔ luó bo bái cài gè yǒu suǒ ài
曲。萝卜白菜，各有所爱。

wáng nǎi nai dì yì gè shuō wǒ chàng máo zhǔ xí shì
王奶奶第一个说：“我唱毛主席是

wǒ men xīn zhōn de hóng tài yáng
我们心中的红太阳。”

shòu kāng wǒ men chàng yì zhī nán nǚ duì chàng de qíng gē
“寿康，我们唱一支男女对唱的情歌

Karaoke und Tanz auf öffentlichen Plätzen

«Heute ist Sonntag, da sollen unsere beiden Damen nicht in der Küche stehen. Gehen wir doch in die ‹Partyworld›, da können wir essen und anschließend ein bisschen singen, was meint ihr?»

«Gute Idee», sagt Limei.

In einem Separee der ‚Partyworld' angekommen suchen alle auf der Liste der Musiktitel nach ihren Favoriten. Rettich und Kohl – für jeden ist etwas dabei.

«Ich singe ‹Der Vorsitzende Mao ist die rote Sonne in unseren Herzen›», meldet sich Oma Wang als Erste.

«Wie wär's mit einem Liebesduett, Shoukang?»

hǎo bù hǎo lì méi tiáo kǎn dì kàn zhe shòu kāng
好不好？”丽梅调侃地看着寿康。

sōng sōng fān zhe yǎn jīng nǐ men
松松翻着眼睛：“My God，你们
zhēn wú liáo nà wǒ yí dìng yào chàng yì shǒu
真无聊，那我一定要唱一首 Rap！”

kǎ lā ou kei lái zì rì běn yì si shì wú rén yuè duì
卡拉OK来自日本，意思是“无人乐队”，
hěn kuài zài zhōng guó chéng wéi shòu huān yíng de yè yú yú lè
很快在中国成为受欢迎的业余娱乐。
yīn wéi kǎ lā ou kei jié hé le yì qǐ chī fàn hé chàng
因为卡拉OK结合了一起吃饭和唱
gē zhè liǎng yàng zhōng guó rén zuì rè zhōng de huó dòng
歌这两样中国人最热衷的活动，
suǒ yǐ nán nǚ hé lǎo shào xián yí
所以男女和老少咸宜。

Limei lächelt ihren Mann verschmitzt an.

Songsong rollt mit den Augen. «My God, seid ihr

langweilig. Dann mach ich aber meinen Rap.»

Karaoke kommt aus Japan und heißt wörtlich übersetzt «leeres Orchester».

Es hat sich in China rasch zum beliebten Freizeitvergnügen entwickelt.

Denn es vereinigt die beiden Lieblingsbeschäftigungen

der Chinesen: gemeinsames Singen und gemeinsames Essen.

Daher praktizieren es Männer und Frauen, Alt und Jung mit gleicher Begeisterung.

zhōng guó rén kǒu mì dù dà gè rén hěn shǎo yǒu fā shēng
中国人口密度大，个人很少有发声

de jī huì xiàn zài jī huì lái le zài qīng sōng de
的机会。现在机会来了：在轻松的

qì fēn zhōng zài yí gè bāo jiān kě yǐ gēn
气氛中，在一个KTV包间，可以跟

péng you hé tóng shì huò jiā rén yì qǐ chī fàn hē jiǔ
朋友和同事或家人一起吃饭，喝酒，

chàng gē gōng sī lǎo bǎn yāo qǐng kè rén kei gē
唱歌。公司老板邀请客人K歌，

kě yǐ bāo zū yí gè huò jǐ gè xiǎo jiě péi tóng
可以包租一个或几个小姐陪同。

shǒu lǐ ná zhe mài kè fēng nǐ kě yǐ suí zhe kǎ lā
手里拿着麦克风，你可以随着卡拉

ou kei jī de yīn yuè bàn zòu hé píng mù shàng de gē cí
OK机的音乐伴奏和屏幕上的歌词，

fàng shēng gāo gē yíng dé guān zhòng de xīn shǎng
放声高歌，赢得观众的欣赏。

Die Bevölkerungsdichte in China ist sehr hoch, und das Individuum hat kaum die Möglichkeit,

sich zu artikulieren. Hier bietet sich die Gelegenheit: In der ungezwungenen

Atmosphäre des KTV-Separees kann man mit

Freunden, Kollegen oder mit der Familie essen, trinken

und singen. Wer seine Geschäftsfreunde zum Karaoke einlädt,

kann sich dazu ein oder mehrere K-Mädels zur Gesellschaft mieten.

Mit dem Mikrofon in der Hand, begleitet von einer Karaoke-

Maschine und dem Liedtext auf dem Bildschirm, kann man

seine Stimme laut erschallen lassen und die Bewunderung des Publikums ernten.

guǎng chǎng wǔ gèng shì yí gè zhōng guó tè yǒu de fā míng
广场舞更是一个中国特有的发明。

měi tiān zǎo chén wǔ diǎn gōng yuán lǐ hé guǎng chǎng shàng
每天早晨五点，公园里和广场上

jiù huì jù jí yì pī guǎng chǎng wǔ dà mā
就会聚集一批“广场舞大妈”。

suí zhe dà xíng shōu lù jī lǐ de yīn yuè zài lǎo shī
随着大型收录机里的音乐，在老师

de dài lǐng xià rén men tiào mín jiān wǔ dí sī kē
的带领下，人们跳民间舞、迪斯科、

jiāo jì wǔ yì páng yǒu qí tā de rén zài liàn xí jiàn wǔ
交际舞。一旁有其他的人在练习剑舞、

tài jí quán huò qì gōng
太极拳或气功。

tiào wǔ de zhǔ yào shì dà mā hé ā yí men tā
跳舞的主要是大妈和阿姨们。她

men wǔ shí duō suì tuì xiū shēn tǐ jiàn kāng jīng lì
们五十多岁退休，身体健康，精力

chōng pèi shí jiān chōng zú zài zhè lǐ kě yǐ rèn shi
充沛，时间充足。在这里可以认识

xīn de péng you jiāo huàn měi shí zuò fǎ hé yù ér jīng
新的朋友，交换美食做法和育儿经，

Das Tanzen auf öffentlichen Plätzen ist hingegen eine typisch chinesische Erfindung.

Jeden Morgen ab fünf Uhr finden sich in Parks und auf öffentlichen Plätzen

die sogenannten «Tanztanten» zusammen.

Zur Musik aus einem Ghettoblaster tanzen sie unter Anlei-

tung Volkstänze, Disko-

oder Gesellschaftstänze. Daneben üben andere Schwerttanz,

Tai Chi oder Qi Gong.

Hier sind vor allem Frauen aktiv. Mit

Anfang fünfzig bereits in Pension, sind sie noch gesund und voller Energie

und haben viel Zeit. Man lernt

neue Freundinnen kennen, tauscht Rezepte und Erziehungstipps aus

jiè shào xià cì de lǚ yóu gōng lüè zài zhè lǐ rén jì
介绍下次的旅游攻略。在这里人际

guān xì bú shì tōng guò wǎng luò ér shì zài xiàn shí
关系不是通过网络，而是在现实

shēng huó zhōng xíng chéng
生活中形成。

und erzählt einander, wohin die nächste Reise geht. Hier werden Kontakte nicht im Internet, sondern im realen Leben gepflegt.

wáng nǎi nai shuō qiū tiān yǎng shēng

王奶奶说秋天养生

zǎo chén wáng nǎi nai gēn tā de jiě mèi men zài gōng yuán liàn tài
早晨王奶奶跟她的姐妹们在公园练太

jí quán yí gè lǎo tài tai yǐ jīng chuān shang le yǔ róng fú
极拳。一个老太太已经穿上了羽绒服。

zhè me jiāo qì ā nǐ bù zhī dào chūn wǔ qiū dòng
“这么娇气啊，你不知道“春捂秋冻”

ma xiàn zài yīng gāi duàn liàn yí xià ràng shēn tǐ shì yìng
吗？现在应该锻炼一下，让身体适应

dōng tiān ā wáng nǎi nai shuō
冬天啊！”王奶奶说。

wǒ yī huí jiā lǐ ā yí chā zuǐ shuō
“我一回家，”李阿姨插嘴说，

jiù zuò yī dà guō yáng ròu luó bo tāng yòu néng zēng
“就做一大锅羊肉萝卜汤，又能增

jiā rè liàng yòu néng zēng qiáng miǎn yì lì
加热量，又能增强免疫力。”

nǐ men yòu shuō chī qǐng zhù yì qì de liú dòng
“你们又说吃！请注意气的流动！”

tài jí lǎo shī shuō
太极老师说。

Oma Wang über Gesundheit im Herbst

Oma Wang übt morgens mit ihren Freundinnen im Park Tai

Chi. Eine der alten Damen hat schon eine Daunenjacke an.

«Was bist du so zimperlich! Kennst du nicht das Sprichwort

«Im Frühjahr einpacken, im Herbst frieren»?

Jetzt muss man den Körper abhärten und auf die Winterkälte vorbereiten», spricht Oma Wang sie an.

«Wenn ich nach Hause komme», mischt Tante Li sich ein,

«dann setze ich gleich einen großen Topf Lammsuppe mit weißem Rettich auf.

Das wärmt den Körper und stärkt die Abwehrkräfte.»

«Ihr redet schon wieder vom Essen! Konzentriert euch lieber

auf den Qi-Fluss!», sagt die Tai-Chi-Lehrerin.

yáng ròu luó bo tāng

羊肉萝卜汤

yáng ròu èr bǎi kè bái luó bo èr bǎi wǔ shí kè shēng jiāng sān piàn

羊肉200克，白萝卜250克，生姜三片，

xiǎo cōng yì kē diàn fěn yī chá shi yán bái hú jiāo

小葱一棵，淀粉一茶匙，盐，白胡椒，

mǐ cù liào jiǔ xiāng cài yóu sān dào sì tāng chí

米醋，料酒，香菜。油3–4汤匙。

yáng ròu qiē tiáo yòng diàn fěn hé liào jiǔ bàn yún

羊肉切条，用淀粉和料酒拌匀。

bái luó bo xiāo pí qiē kuài xiǎo cōng qiē xié piàn

白萝卜削皮，切块。小葱切斜片。

yóu jiā rè fàng rù jiāng piàn hé cōng bào xiāng

油加热，放入姜片和葱爆香，

jiā rù yáng ròu fān chǎo jiā rù bái luó bo fàng rù yuē

加入羊肉翻炒。加入白萝卜。放入约

yī shēng rè shuǐ zhǔ zhì luó bo biàn ruǎn

一升热水，煮至萝卜变软。

fàng rù yán cù hú jiāo xiāng cài tāng de wèi dào

放入盐、醋、胡椒、香菜。汤的味道

shì suān là de

是酸辣的。

Lammsuppe mit weißem Rettich

200 gr. Lammfleisch, 250 g weißer Rettich, 3 dünne Scheiben Ingwer,

1 Lauchzwiebel, 1 TL Maisstärke, Salz, weißer Pfeffer, heller

Reisessig, Kochwein oder Sherry, Koriandergrün, 3–4 EL Speiseöl.

Das Lammfleisch in Streifen schneiden und mit Maisstärke und Kochwein marinieren.

Den Rettich schälen und in Würfel schneiden. Die Lauchzwiebel in schräge Streifen schneiden.

Öl in einer Pfanne erhitzen, Ingwer und Zwiebelstreifen darin anbraten.

Fleischstreifen hinzufügen und anbraten. Rettichwürfel zugeben.

Mit knapp einem Liter heißem Wasser aufgießen und zum Kochen bringen, bis der Rettich weich ist.

Nach Belieben mit Salz, Essig, Pfeffer und Koriandergrün abschmecken, bis die Suppe

sauer-scharf schmeckt.

jiǔ zuò hòu de fàng sōng liàn xí
久坐后的放松练习

tuǐ de àn mó fǎ
腿的按摩法

liǎng zhī shǒu hù xiāng mó cā cā rè wéi zhǐ
两只手互相摩擦，擦热为止。

liǎng shǒu fàng zài xī gài liǎng biān xiàng xiǎo tuǐ fāng xiàng shàng
两手放在膝盖两边，向小腿方向上

xià mó cā sān shí cì huàn tuǐ
下摩擦30次。换腿。

tóng yàng de liàn xí xiàng dà tuǐ fāng xiàng zuò
同样的练习，向大腿方向做。

dǎ quán
打拳

yòu shǒu zhī yāo zuǒ shǒu wò kōng quán xiàng qián
右手支腰，左手握空拳，向前

dǎ sān shí cì huàn shǒu
打30次。换手。

Entspannungsübungen nach langem Sitzen:

Beinmassage

Erst beide Handflächen gegeneinander reiben, bis sie warm sind.

Die Hände an beide Seiten des Knies legen. Richtung Unterschenkel

dreißigmal rasch auf- und abfahren. Das Bein wechseln.

Die Oberschenkel auf gleiche Weise kräftig reiben.

Ins Leere boxen

Die rechte Hand in die Taille stemmen. Mit der Linken eine Faust machen und dreißigmal nach vorne ins Leere boxen.

Dann die Seite wechseln.

shǒu chēng tiān

手撑天

zuǒ shǒu shēn zhí　guò tóu dǐng　hǎo xiàng yào chēng zhù tiān

左手伸直，过头顶，好像要撑住天。

zuò sān shí cì　rán hòu huàn shǒu

做30次，然后换手。

Den Himmel stützen.

Den linken Arm mit gestreckter Hand nach oben über den Kopf führen, als wollte man den Himmel stützen.

Diese Bewegung dreißigmal kraftvoll ausführen. Dann die Seite wechseln.

yī èr sān

一，二，三……

wǒ mǎi le yí gè xīn shǒu jī hào lì méi shuō

“我买了一个新手机号！”丽梅说，

nǐ men cāi cāi lǐ biān yǒu jǐ gè bā

“你们猜猜，里边有几个8？”

liǎng gè sān gè

“两个？三个？”

sì gè

“四个！”

hǎo kù ā huā le duō shǎo qián sōng sōng wèn

“好酷啊！花了多少钱？”松松问。

bù jiā qián jiù shì yùn qì hǎo

“不加钱！就是运气好。”

rú guǒ zǐ xì kàn kan zhōng guó de chē pá huò diàn

如果仔细看看中国的车牌或电

huà hào mǎ jiù bù nán fā xiàn yǒu de shù zì

话号码，就不难发现，有的数字

huì jīng cháng chū xiàn bǐ rú bā hé liù yǒu de shù zì

会经常出现，比如8和6；有的数字

Eins, zwei, drei …

« Ich habe eine neue Handynummer gekauft », verkündet Limei.

« Ratet mal, wie viele Achter drin sind. »

« Zwei … drei? »

« Vier! »

« Cool. Und was hast du dafür bezahlt? », will Songsong wissen.

« Den normalen Preis Hab einfach Glück gehabt. »

Wenn man sich in China die Autokennzeichen oder Telefonnummern einmal genauer anschaut,

wird man unschwer feststellen, dass manche Zahlen

öfter vorkommen, zum Beispiel die Acht und die Sechs, und andere Zahlen

hěn shǎo chū xiàn bǐ rú sì
很少出现，比如4。

zhōngguórénjiǎng jiu shù zì de hán yì wǒ men lái kàn kan
中国人讲究数字的含义。我们来看看，

cóng yí dào shí shù zì zài zhōng guó wén huà zhōng
从一到十，数字在中国文化中

yǒu shén me hán yì
有什么含义。

yī yī yǒu zhěng tǐ de yì si yòu yǒu wàn
一　一有“整体”的意思，又有“万

wù de qǐ shǐ de yì si zhǐ shì jiè de qǐ yuán
物的起始”的意思，指世界的起源。

lǎo zi shuō dào shēng yī yì shēng èr èr shēng sān
老子说：“道生一，一生二，二生三，

sān shēng wàn wù
三生万物”。

èr èr jiù shì yì shuāng de yì si zài zhōng guó
二　二就是一双的意思。在中国，

hǎo shì chéng shuāng jié hūn de shí hou yào
“好事成双”。结婚的时候，要

seltener, zum Beispiel die Vier.

Chinesen legen großen Wert auf die symbolische Bedeutung der Zahlen. Sehen wir

uns einmal an, was die Zahlen von eins bis zehn in der chinesischen Kultur

bedeuten:

Eins Die Eins symbolisiert einerseits die Ganzheit, andererseits

seits die Entstehung der «Zehntausend Dinge», den Anbeginn der Welt.

Wie schon Laozi sagte: «Das Dao erzeugt Eins. Eins erzeugt Zwei. Zwei erzeugt Drei.

Und Drei erzeugt die Zehntausend Dinge.»

Zwei Zwei sind ein Paar. In China

sind aller guten Dinge zwei. Bei Hochzeiten wird das Zeichen

guà xǐ shuāng xǐ zì guò nián de shí hou
挂囍（双喜）字，过年的时候

mén kǒu de liǎng biān yào tiē hóng sè de duì lián
门口的两边要贴红色的对联。

sān sān shì jí lì de shù zì xiàng zhēng zhe sān cái
三　三是吉利的数字，象征着“三才”：

tiān dì rén xiàng zài xī fāng yí yàng zhōng guó tóng huà
天，地，人。像在西方一样，中国童话

hé shén huà zhōng guó wáng zǒng shì yǒu sān gè nǚ ér ér qiú hūn
和神话中国王总是有三个女儿，而求婚

zhě yào jīng guò sān cì kǎo yàn
者要经过三次考验。

sì sì zài zhōng guó tè bié shì zài nán fāng shì yí
四　四在中国，特别是在南方，是一

gè bù jí lì de shù zì yīn wéi sì de fā yīn xiàng
个不吉利的数字，因为“四”的发音像

sǐ jiù xiàng xī fāng de shí sān yí yàng suǒ yǐ zài
“死”，就像西方的13一样。所以在

lóu fáng lǐ cháng cháng zhǎo bú dào sì lóu mén pái huò zhě
楼房里常常找不到四楼，门牌或者

für «doppeltes Glück» (zweimal das Zeichen für Glück in einem zusammengezogen) aufgehängt. An Neujahr

klebt man rote Spruchbänder immer paarweise an beide Seiten des Eingangs.

Drei Ist eine Glückszahl, die auf die Trinität

von Himmel, Erde und Mensch verweist. Genau wie im Wes-

ten hat ein König in chinesischen Märchen immer drei Töch-

ter, und der Heiratskandidat muss drei Prüfungen bestehen.

Vier In China ist die Vier, vor allem in den südlichen Regionen,

eine Unglückszahl, weil die Aussprache sì an das Wort Tod sǐ

erinnert. Sie ist vergleichbar der Dreizehn in den westlichen Kulturen. Aus diesem Grund

gibt es in Hochhäusern oft keine vierte Etage und keine Haus- oder

fáng jiān hào méi yǒu sì hào zài diàn huà hào mǎ hé chē
房间号没有四号。在电话号码和车

pái zhōng rén men yě zǒng shì jìn liàng bì miǎn sì de chū xiàn
牌中，人们也总是尽量避免四的出现。

wǔ wǔ shì zhōng xìng de shù zì zài zhōng guó de fēng shuǐ
五 五是中性的数字。在中国的风水

xué hé zhōng yī xué lǐ dài biǎo wǔ xíng jīn mù shuǐ huǒ tǔ
学和中医学里代表五行：金木水火土。

zhè wǔ zhǒng yuán sù xiāng shēng xiān kè
这五种元素相生相克。

liù liù shì yí gè jí lì de shù zì biǎo shì chéng gōng
六 六是一个吉利的数字，表示成功。

rén men cháng shuō liù liù dà shùn shì yí qiè shùn lì
人们常说“六六大顺”，是一切顺利

de yì si
的意思。

qī qī shì yí gè zhōng xìng de shù zì
七 七是一个中性的数字。

bā zài zhōng guó bā shì zuì hǎo de shù zì
八 在中国八是最好的数字。

Zimmernummer vier. Bei Telefonnummern und Autokenn-

zeichen meidet man möglichst diese Zahl.

Fünf Die Fünf ist eine neutrale Zahl. In der Geomantik und

der traditionellen Medizin kennt man fünf Elemente: Metall, Holz, Wasser, Feuer, Erde.

Diese fünf Elemente bringen sich gegenseitig hervor oder überwinden einander.

Sechs Die Sechs ist eine Glückszahl und bedeutet Erfolg.

Man sagt oft «Sechs, sechs, alles läuft glatt».

Sieben Die sieben ist einen neutrale Zahl.

Acht Die Acht gilt als die beste Zahl.

tā de fā yīn hěn xiàng fā jiù shì fā
它的发音很像"发"—— 就是发

cái
财。

jǔ xíng hūn lǐ de rì zi zuì hǎo hán yǒu jìn liàng duō de bā
举行婚礼的日子最好含有尽量多的八。

èr líng líng bā nián bā yuè bā rì nà yì tiān jié hūn dēng jì chù
2008年8月8日那一天，结婚登记处

de dà mén dōu bèi jǐ pò le shēng hái zi de rì qī zuì
的大门都被挤破了。生孩子的日期最

hǎo yǒu bā dài bā de diàn huà hào mǎ hé chē pái fēi cháng guì
好有八。带八的电话号码和车牌非常贵。

jiǔ jiǔ dài biǎo zuì dà de shù zì dài biǎo jiǔ
九 九代表最大的数字，代表"久"，

wú qióng jìn cháng shòu zhōng guó de shén huà zhōng tiān yǒu
无穷尽，长寿。中国的神话中，天有

jiǔ chóng dì yǒu jiǔ céng
九重，地有九层。

shí shí dài biǎo shí quán shí měi zài zhōng guó bǎi fēn
十 十代表十全十美。在中国百分

Die Aussprache gleicht dem Wort fā, wie in fā cái – «zu Reichtum kommen».

Das ideale Hochzeitsdatum sollte möglichst viele Achten enthalten; am 8.8.2008 wurden den chinesischen Standesämtern die Türen eingerannt. Auch für das Geburtsdatum wünscht man sich möglichst eine Acht. Telefonnummern und Autokennzeichen mit dieser Zahl sind besonders teuer.

Neun Neun ist die größte Ziffer und erinnert in der Aussprache an das Wort Ewigkeit.

Sie bedeutet auch Endlosigkeit und langes Leben. In der chinesischen Mythologie hat der Himmel neun Ebenen und die Erde neun Schichten.

Zehn Die Zehn steht für Vollkommenheit. Den «hundert Prozent»

zhī bǎi jiào shí chéng
之百叫“十成”。

zàizhōngguó dà de shù zì xiě qǐ lái yǔ xī fāng bù yí
在中国，大的数字写起来与西方不一

yàng yīn wéiduō le xīn de dān wèi wàn hé yì duì fān
样，因为多了新的单位：万和亿。对翻

yì lái shuō dà shù zì de huànsuànshì yí dào kǎn
译来说，大数字的换算是一道坎。

bǐ fāngshuō zhōngguó mù qián de zǒng rén kǒu wéi shísì yì
比方说，中国目前的总人口为14亿。

zài lì shǐshàng rénmín céng gāo hūhuáng shang wàn suì
在历史上，人民曾高呼皇上万岁，

hòu lái yòu zhùyuàn máo zhǔ xí wàn suì wàn suì wàn wàn suì
后来又祝愿毛主席万岁，万岁，万万岁。

zhōngguó rén yì zhí dōu yǒu zì jǐ de shù zì xiě fǎ
中国人一直都有自己的数字写法，

zhí dào èrshí shì jì chū cái kāi shǐ shǐ yòng ā lā bó
直到20世纪初才开始使用阿拉伯

shù zì jīn tiān zài méi tǐ hé rìcháng shēnghuó zhōng
数字。今天在媒体和日常生活中

kě yǐzhǎo dào liǎngzhǒng shù zì de xiě fǎ ér zài cái
可以找到两种数字的写法。而在财

im Westen entsprechen « zehn Zehntel » im Chinesischen.

Überhaupt werden große Zahlen im Chinesischen anders zusammengefasst als bei uns,

da es andere Grundeinheiten gibt, nämlich wàn « Zehntausend » und yì « Hundert Millionen ». Daher ist die Umrech-

nung größerer Zahlen für Übersetzer und Dolmetscher immer ein Stolperstein.

So beträgt zum Beispiel die derzeitige Einwohnerzahl Chinas vierzehnmal Hundert Millionen.

Im alten Kaiserreich wünschte das Volk dem Kaiser mit wàn suì – « Zehntausend Jahre » – ein langes Leben.

Später übertrug man diesen Wunsch auf Mao Zedong und rief ihm zu « Mao zhuxi, wan sui, wan sui, wanwan sui ! ».

Die Chinesen hatten immer schon ihre eigenen Ziffern, um Zahlen zu schreiben.

Erst zu Beginn des 20. Jahrhunderts haben sie die arabischen Ziffern übernommen.

Heute findet man in den Medien und im Alltag

beide Schreibweisen. Wobei

wù kuài jì yǔ yín háng shì wù zhōng wèi le bì miǎn zào jiǎ
务会计与银行事务中，为了避免造假，

hái yǒu yí tào dà xiě de zhōng wén shù zì
还有一套“大写”的中文数字：

líng yī èr sān sì wǔ liù qī
零，壹，贰，叁，肆，伍，陆，柒，

bā jiǔ shí
捌，玖，拾。

dà shuǎi mài de shí hou jià gé jiàng bǎifēn zhī shí jiào
大甩卖的时候，价格降10％叫

dǎ jiǔ zhé
“打九折”。

rìcháng yòng de chéng yǔ zhōng bāo hán le hěn duō shù zì
日常用的成语中包含了很多数字。

xíng róng yí gè tóu nǎo bú tài qīng chǔ de rén
形容一个头脑不太清楚的人：

èr bǎi wǔ xíng róng zhuàng tài hěn zāo gāo luàn qī bā zāo
二百五；形容状态很糟糕：乱七八糟；

xíng róng tuō lí wēi xiǎn jiǔ sǐ yì shēng xíng róng zuò
形容脱离危险：九死一生；形容做

in der Buchhaltung und im Bankwesen wegen der Fälschungssicherheit

die ausgeschriebenen Ziffern

für null, eins, zwei, drei, vier, fünf, sechs, sieben, acht, neun,

zehn zur Anwendung kommen.

Im Schlussverkauf lockt ein zehnprozentiger Preisnachlass mit dem Schild

« reduziert auf neun Zehntel ».

Auch in den Redewendungen der Alltagssprache haben Zahlen Eingang gefunden.

Die Chinesen beschreiben jemanden, der nicht ganz klar im Kopf ist,

als « zweihundertfünfzig ». Wenn totale Verwirrung herrscht, spricht man von « Durcheinander, sieben, acht, Weinhefe »;

wer gerade so mit dem Leben davonkommt, hat « neun Tode und ein Leben » überstanden; wer sich

shì yǒu bǎ wò sì píng bā wěn xíng róng shēng yì
事有把握：四平八稳；形容生意

shùn lì yì běn wàn lì
顺利：一本万利。

nach allen Seiten absichern will, achtet auf « vier eben, acht stabil »; und ein gutes Geschäft nennt man

« ein Einsatz bringt zehntausendfachen Profit ».

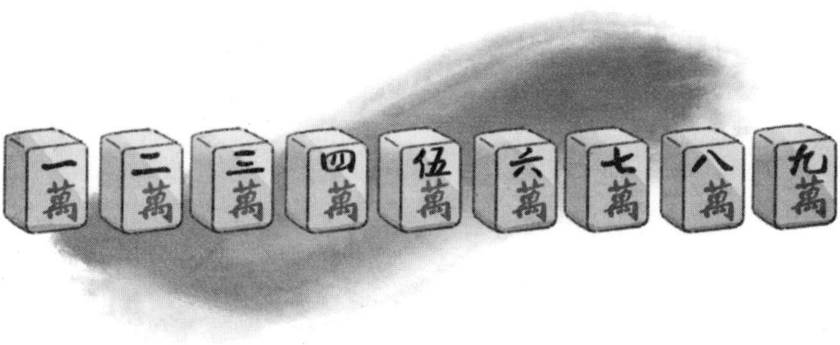

fēng shuǐ
风水

nǐ men tīng shuō le ma gāo jiā mǎi le yí tào fáng
“你们听说了吗，高家买了一套房，

xià zhōu jiù bān jiā lì méi xiàng dà jiā bào gào
下周就搬家。”丽梅向大家报告。

zài nǎ er ā
“在哪儿啊？”

zài xī jiāo jù shuō fēng shuǐ tè bié hǎo hòu mian
“在西郊。据说风水特别好，后面

shì shān pō qián mian shì chí táng cháo nán
是山坡，前面是池塘，朝南。”

nà gāo jiā de shēng yì yǐ hòu kěn dìng bù bù shàng shēng
“那高家的生意以后肯定步步上升，”

wáng nǎi nai shuō
王奶奶说。

nǎi nai wǒ kě nìng yuàn gèng xiāng xìn gǔ shì háng qíng
“奶奶，我可宁愿更相信股市行情！”

Wind und Wasser

« Habt ihr schon gehört, dass die Gaos sich eine Eigentumswohnung gekauft haben?

Nächste Woche ziehen sie um », berichtet Limei der Runde.

« Wo liegt denn die Wohnung? »

« In der westlichen Vorstadt. Das Feng-Shui dort soll super sein. Hinten

ein Hügel, vorne ein Teich und nach Süden ausgerichtet. »

« Dann werden die Geschäfte der Gaos ja in Zukunft immer besser laufen »,

sagt Oma Wang.

« Da würde ich mich aber lieber auf die Aktienkurse verlassen, Oma. »

fēngshuǐ xué shì yì mén zhōng guó dào jiào de tiān rén hé yī
风水学是一门中国道教的天人合一

xué shuō zuì zǎo yòng yú mù dì de xuǎn zé
学说，最早用于墓地的选择。

fēng shuǐ xué de lǐ lùn jī chǔ shì yīn yáng bā guà
风水学的理论基础是阴阳、八卦

hé wǔ xíng de xué shuō
和五行的学说。

zì gǔ yǐ lái rén men yǐ jīng zhī dào qì
自古以来，人们已经知道，“气，

chéng fēng zé sàn jiè shuǐ zé zhǐ fēng shuǐ zhè gè
乘风则散，界水则止。”风水这个

míng zì jiù lái yuán yú cǐ tōng guò rén wéi de guī huà
名字就来源于此。通过人为的规划，

kě yǐ yǒu lì de yǐn dǎo qì de jí zhōng hé liú dòng
可以有利地引导气的集中和流动。

zài zhōng guó de lì shǐ shàng fēng shuǐ yǐ jīng shēn rù rén
在中国的历史上，风水已经深入人

men de shēng huó cóng huáng dì dào píng mín cóng huáng gōng
们的生活。从皇帝到平民，从皇宫

dào dà jiē xiǎo xiàng jī hū rén rén dōu hé fēng shuǐ
到大街小巷，几乎人人都和风水

Feng-Shui ist die daoistische Lehre von der Harmonisierung des Menschen

mit seiner Umgebung. Traditionell wurde sie auf die Planung der Grabstätte angewandt.

Den philosophischen Hintergrund bilden die Yin-Yang-Lehre, die acht Trigramme

und die fünf Elemente mit ihren Wandlungsphasen.

Seit alters her wusste man: « Qi

wird vom Wind zerstreut und stoppt an der Grenze des Wassers. » So entstand der Begriff Feng-Shui (wörtl. Wind und

Wasser). Durch gezielte Eingriffe kann man die Lebensenergie

Qi sammeln und positiv lenken.

Im Verlauf der chinesischen Geschichte hat sich das Wissen um das Feng-Shui

im Leben der Menschen fest verankert. Vom Kaiser bis zum einfachen Mann,

vom Palast bis in die Gassen hat fast jeder schon einmal mit Feng-Shui

dǎ guò jiāo dào bù guǎn shì shǒu dū de xuǎn zhǐ
打过交道。不管是首都的选址，

chéng shì de shè jì jiàn zào hái shì yáng zhái yīn zhái de
城市的设计建造，还是阳宅阴宅的

xuǎn zé shì nèi bǎi shè děng děng dōu yào zhǎo fēng shuǐ shī
选择，室内摆设等等，都要找风水师

zī xún yùn yòng de gōng jù shì luó pán
咨询，运用的工具是罗盘。

suí zhe gōng yè huà yùn dòng fēng shuǐ xué sì hū yuè
随着工业化运动，风水学似乎越

lái yuè lí wǒ me yuǎn qù zài máo zé dōng shí dài
来越离我们远去。在毛泽东时代

fēng shuǐ bèi chēng wéi mí xìn ér shòu dào jìn zhǐ dànshì
风水被称为迷信而受到禁止。但是，

fēng shuǐ zhī shi bǎo liú zài le rén me de yì shí lǐ
风水知识保留在了人们的意识里，

jīn tiān yǒu le yì xiǎng bú dào de xīn fā zhǎn
今天有了意想不到的新发展。

zuì yǒu míng de xiàn dài jiàn zhù fēng shuǐ zhī lì shì
最有名的现代建筑风水之例是

xiāng gǎng qiǎn shuǐ wān de yí dòng zhù zhái dà lóu wèi
香港浅水湾的一栋住宅大楼。为

zu tun gehabt. Egal ob es um den Standort der Hauptstadt,

die Stadtplanung, die Wohnungen der Lebenden und Ruhestätten der Toten,

oder die Inneneinrichtung ging, in allen Fällen wurde ein Feng-Shui-Meister, der Geomant,

zu Rate gezogen. Sein Werkzeug ist ein komplizierter Kompass, der Luo Pan.

Mit der Industrialisierung schien es, als sei die Feng-Shui-Lehre

in Vergessenheit geraten, und unter Mao wurde sie

sogar als Aberglaube verboten. Dennoch

hat sich dieses Wissen im Bewusstsein der Menschen erhalten

und treibt heute ungeahnte neue Blüten.

Das wohl bekannteste moderne Architekturbeispiel ist ein

Hochhaus in der Hongkonger Repuls Bay,

le shǐ shān shàng de lóng néng gòu shùn lì dào dá shuǐ miàn
了使山上的龙能够顺利到达水面，

gāo lóu shàng kāi le yí gè dòng jiào zuò lóng mén
高楼上开了一个洞，叫做“龙门”。

zài xī fāng fēng shuǐ xué yǔ xuán xué hé xīn shí dà yùn
在西方，风水学与玄学和新时代运

dòng jié hé yǐn fā le yí xì liè de jū jiā mì jí
动结合，引发了一系列的居家秘笈

miàn shì yìn shuā jīng měi de qī kān zhōng fēng shuǐ wǎng wǎng
面世，印刷精美的期刊中风水往往

xiàn yú jū jiā bù zhì bǐ fāng shuō shì nèi fàng zhì xiāng
限于居家布置，比方说室内放置香

xūn shuǐ jīng qiú pēn quán fēng líng děng fēng shuǐ
薰、水晶球、喷泉、风铃等。风水

shì yì mén hěn zhuàn qián de shēng yì
是一门很赚钱的生意。

in das ein sogenanntes «Drachenloch» eingebaut ist,

damit der Durchgang des Drachens vom Berg zum Wasser nicht blockiert wird.

Im Westen hat sich die Lehre vom Feng-Shui mit Ideen aus dem New Age und der Esoterik

verbunden. In Hochglanzmagazinen reduziert man sie auf Geheimtipps

für die Einrichtung der Wohnung, dabei kommen Düfte,

Kristallkugeln, Plätscherbrunnen und Windglocken zum

Einsatz. Das Geschäft

mit dem Feng-Shui boomt.

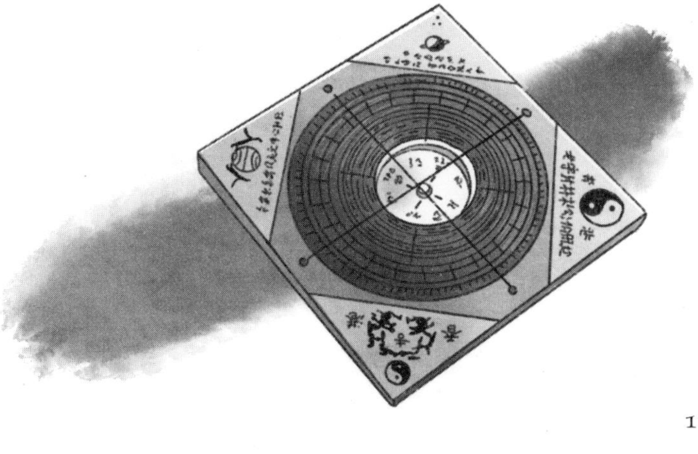

qián qián qián
钱，钱，钱！

nǐ men cāi wǒ jīn tiān kàn dào shén me le
“你们猜，我今天看到什么了？”

shòu kāng yì biān hē tāng yì biān shuō dì tiě zhàn qián
寿康一边喝汤一边说，“地铁站前

mian zuò zhe yí gè qǐ tǎo zhě tā bǎ shǒu jī shēn chū
面坐着一个乞讨者，他把手机伸出

lái yào qián
来要钱。”

yòng shǒu jī zhè zěn me zuò a wáng nǎi nai wèn
“用手机？这怎么做啊？”王奶奶问。

zhè jiào fā wēi xìn hóng bāo ā sōng sōng shuō
“这叫发微信红包啊，”松松说，

xiàn zài lián qǐ gài dōu yāo qiú diàn zǐ zhī fù le
“现在连乞丐都要求电子支付了。”

wǒ zhēn shì yuè huó yuè bù míng bái le wáng nǎi nai
“我真是越活越不明白了。”王奶奶

yáo zhe tóu shuō
摇着头说。

Das liebe Geld

« Ratet mal, was ich heute gesehen habe? »,

sagt Shoukang, während er seine Suppe löffelt. « Vor der U-Bahn-Station

saß ein Bettler und hat den Leuten sein Handy hingestreckt,

um Geld zu erbetteln. »

« Mit dem Handy? Wie soll denn das gehen? », fragt Oma Wang.

« Das nennt man WeChat-Geldgeschenk », erklärt Songsong.

« Heutzutage wird bargeldlos gebettelt. »

« Je länger ich lebe, desto weniger verstehe ich », sagt Oma

Wang kopfschüttelnd.

zhōng guó rén ài qián yě xǐ huan tán lùn qián cái shén yé
中国人爱钱，也喜欢谈论钱。财神爷

shì zhuān mén zhǎng guǎn qián cái de shén guò nián de shí hòu
是专门掌管钱财的神。过年的时候，

dà jiā hù xiāng zhù yuàn gōng xǐ fā cái xiǎo hái zǐ
大家互相祝愿“恭喜发财”，小孩子

huì dé dào bāo zài hóng bāo lǐ de yā suì qián jiù lián yǐ
会得到包在红包里的压岁钱。就连已

jīng sǐ qù de rén yě lí bu kāi qián qīng míng nà tiān
经死去的人也离不开钱，清明那天，

jiā rén huì zài tā men de mù qián shāo zhǐ qián yǐ biàn
家人会在他们的墓前烧纸钱，以便

sǐ qù de qīn rén zài yīn jiān yǒu qián huā zhǐ qián shàng
死去的亲人在阴间有钱花。纸钱上

yìn yǒu hěn dà de shù mù bǐ rú yī bǎi wàn yuán
印有很大的数目，比如一百万元。

zhōng guó de huò bì jiào rén mín bì guó jì suō xiě wéi
中国的货币叫人民币，国际缩写为

huò jī běn dān wèi shì yuán
CNY或RMB。基本单位是元，

yī yuán děng yú shi jiǎo děng yú yì bǎi fēn rì cháng shēng huó zhōng
一元 = 10角 = 100分。日常生活中

Chinesen lieben das Geld und sprechen auch gern darüber. Sie haben sogar einen Gott, Cai Shen, der dafür zuständig ist. Und der gängigste Neujahrswunsch ist «Viel Glück bei der Mehrung des Reichtums». Kinder erhalten an Neujahr Geldgeschenke in einem roten Umschlag. Selbst die Toten kommen nicht ohne Geld aus; am Gräberputztag verbrennen die Angehörigen an ihrem Grab das sogenannte Totengeld, Scheine bedruckt mit großen Beträgen, zum Beispiel eine Million Yuan, damit die Verstorbenen im Jenseits gut gestellt sind.

Die chinesische Währung heißt wörtlich übersetzt «Volksgeld», der internationale Währungscode dafür lautet CNY oder RMB. Die Grundeinheit heißt Yuan: 1 Yuan = 10 Jiao = 100 Fen. Im Alltag

rén men yě shuō kuài máo fēn fēn bì de jià zhí
人们也说块，毛，分。分币的价值

tài dī le jī běn shang yǐ jīng méi yǒu rén yòng
太低了，基本上已经没有人用。

zhōng guó gǔ dài de tóng qián zhōng xīn yǒu yí gè kǒng yǐ biàn
中国古代的铜钱中心有一个孔，以便

chuàn zài shéng zǐ shàng tóng shí liú tōng de yǒu jīn yuán bǎo huò
串在绳子上。同时流通的有金元宝或

yín yuán bǎo zhōng guó shì zuì zǎo fā míng zhǐ bì de guó jiā
银元宝。中国是最早发明纸币的国家，

zài sòng dài yuē shí shì jì jiù kāi shǐ liú tōng le
在宋代（约10世纪）就开始流通了。

jīn tiān zài zhōng guó yǐ jīng jī běn shí xiàn le wú xiàn jīn zhī
今天在中国已经基本实现了无现金支

fù yòng zhī fù bǎo kě yǐ zài chāo shì gòu wù kě yǐ dǎ
付，用支付宝可以在超市购物，可以打

dí kàn diàn yǐng wài chū lǚ xíng jiù shì qù guó wài lǚ
的，看电影，外出旅行，就是去国外旅

xíng yě bú yòng huàn qián le
行也不用换钱了。

gé mìng kǒu hào xiàng qián kàn bèi gǎi chéng le xiàng qián
革命口号“向前看”被改成了“向钱

sind auch die Bezeichnungen Kuai, Mao und Fen gebräuchlich.

Die kleinen Fen-Münzen sind heute kaum noch im Umlauf, da ihr Wert so gering ist.

Im alten China hatten die Münzen meist ein Loch in der Mitte, damit

man sie auf Schnüre fädeln konnte. Für größere Beträge gab es Silber- oder Goldbarren, den «Yuanbao»

in seiner charakteristischen Schiffchenform. In China war bereits während der Song-Zeit,

ungefähr im 10. Jahrhundert, Papiergeld im Umlauf; die Chinesen gelten als Erfinder dieser praktischen Zahlungsweise.

Inzwischen wird kaum noch Bargeld benutzt. Fast überall

– an der Supermarktkasse, im Taxi oder im Kino –

kann man elektronisch über die Plattform Alipay bezahlen.

Bei Auslandsreisen fällt dadurch das lästige Geldwechseln weg.

Aus der revolutionären Parole «nach vorne schauen» ist

kàn qián yuè lái yuè chéng wéi rén men de
看”。钱，越来越成为人们的

shēng huó mù biāo le
生活目标了。

– bei gleicher Aussprache und nur einem veränderten Zeichen – der Spruch «nach dem Geld schauen» geworden. Das

Geld wird immer mehr zum Lebenszweck der Menschen.

wáng nǎi nai shuō dōng tiān yǎng shēng
王奶奶说冬天养生

yí gè hán lěng de dōng rì wáng nǎi nai zài lóu dào lǐ
一个寒冷的冬日，王奶奶在楼道里

yù dào yí gè lín jū hé tā de ér zi xiǎo dōng dōng
遇到一个邻居和她的儿子。小冬冬

dài zhe kǒu zhào ké sou dé hěn lì hài
戴着口罩，咳嗽得很厉害。

wáng nǎi nai wǒ dài tā qù yī yuàn tā gǎn mào
"王奶奶，我带他去医院。他感冒

bù qīng ne
不轻呢。"

āi yō zhè diǎn xiǎo bìng bú yòng qù yī yuàn a
"哎哟，这点小病不用去医院啊！

nǐ gěi tā zuò yì bēi jiāng chá àn mó yí xià liǎn
你给他做一杯姜茶，按摩一下脸，

guò jǐ tiān jiù hǎo le
过几天就好了。"

zhēn de xiè xiè wáng nǎi nai wǒ mǎ shàng qù zuò
"真的？谢谢，王奶奶，我马上去做。"

Oma Wang über Gesundheit im Winter

An einem kalten Wintertag trifft Oma Wang eine Nachbarin

mit ihrem Sohn im Treppenhaus. Der kleine Dongdong hustet

erbärmlich unter seinem Mundschutz.

« Ich gehe mit ihm zum Arzt, Oma Wang. Er ist schrecklich

erkältet. »

« Du meine Güte, wegen so was geht man doch nicht zum Arzt !

Koch ihm lieber Ingwertee und massiere ein paar Akupressurpunkte im Gesicht,

dann ist er in ein paar Tagen wieder fit ! »

« Wirklich ? Danke, Oma Wang. Das mache ich. »

bié wàng le duō gěi tā hē kāi shuǐ wáng nǎi nai kàn
“别忘了，多给他喝开水，”王奶奶看

zhe tā men de bèi yǐng shuō gěi tā zhǔ yì guō jī tāng
着他们的背影说，“给他煮一锅鸡汤，

nuǎn nuǎn shēn tǐ tīng zhe bié gěi tā chī gān jú
暖暖身体。听着，别给他吃柑橘，

gān jú shì hán xìng de chī le bìng huì gèng lì hài
柑橘是寒性的，吃了病会更厉害。”

jiāng chá
姜茶

xiān qī yì bēi hóngchá fàng rù jǐ piàn shēng jiāng
先沏一杯红茶，放入几片生姜，

duō pào jǐ fēn zhōng kě jiā yì xiē fēng mì huò zhě hó táng
多泡几分钟。可加一些蜂蜜或者红糖。

chèn rè hē xià
趁热喝下。

« Vergiss nicht, ihm viel warmes Wasser zu trinken zu geben », ruft Oma Wang

den beiden nach. « Und koch ihm einen Topf Hühnersuppe,

das wärmt. Keine Zitrusfrüchte, hörst du.

Die sind kalt und verschlimmern nur die Symptome. »

Ingwertee

Brühen Sie Ihren gewohnten Schwarzen Tee zusammen mit ein paar Scheiben frischem Ingwer auf

und lassen Sie ihn ein paar Minuten länger ziehen als sonst. Nach Bedarf mit Honig oder braunem Zucker abschmecken

und warm trinken.

zhēng lí zhǐ ké
蒸梨止咳

ná yí gè lí xiāo pí qiē chéng sì fèn qù diào guǒ hé
拿一个梨，削皮，切成四份，去掉果核，

fàng rù yí gè xiǎo wǎn jiā rù yī chá chí fēng mì
放入一个小碗，加入一茶匙蜂蜜，

zài guō lǐ zhēng shú chèn rè chī lí hē zhī
在锅里蒸熟。趁热吃梨，喝汁。

gǎn mào de zì wǒ àn mó
感冒的自我按摩

yòng shǒu zhǐ jūn yún de àn mó méi xīn zhù yì
1. 用手指均匀地按摩眉心，注意

yào màn
要慢。

àn mó liǎng biān de tài yáng xué
2. 按摩两边的太阳穴。

yòng liǎng shǒu cóng é tóu zhōng xīn xiàng liǎng biān mó cā
3. 用两手从额头中心向两边摩擦。

Gedämpfte Birne gegen Husten

Man schält eine Birne, viertelt sie und entfernt das Kernhaus.

Dann gibt man sie zusammen mit einem Teelöffel Honig in eine Schale

und dämpft sie im Wasserbad. Wenn die Birne weich ist, isst man sie warm und trinkt den Saft.

Akupressur bei Erkältung

1. Massieren Sie mit dem Finger langsam und kreisförmig

den Punkt zwischen den Augenbrauen.

2. Beidseitig die Schläfen massieren.

3. Die Stirn mit beiden Händen von der Mitte zu den Schläfen hin ausstreichen.

yòng shǒu zhǐ yán bí liáng shàng xià róu cuō
4. 用手指沿鼻梁上下揉搓。

yòng shǒu zhǐ màn màn àn mó bí yì liǎng páng de
5. 用手指慢慢按摩鼻翼两旁的

yíng xiāng xué
迎香穴。

4. Beidseitig am Nasenbein entlang auf- und abfahren.

5. Die Punkte «Zum Empfang des Duftes» massieren. Sie liegen dort, wo die Nasenflügel angewachsen sind.

Pīnyīn – die lateinische Umschrift der chinesischen Sprache

Alle verwendeten Vergleiche mit deutschen Lauten oder Lauten aus anderen europäischen Sprachen sind lediglich Annäherungswerte an die chinesische Aussprache.

Anlaute

b	wie im Deutschen
p	wie im Deutschen
m	wie im Deutschen
f	wie im Deutschen
d	nicht stimmhaft
t	wie im Deutschen
n	wie im Deutschen
l	wie im Deutschen
g	nicht stimmhaft
k	wie im Deutschen
h	wie a**ch**
j	wie **dj**
q	wie **tj**a
x	wie **hs** oder durch die Zähne pfeifen
zh	wie **Dsch**ungel
ch	wie Deu**tsch**
sh	wie **sch**on
r	Laut zwischen frz. **j**our und engl. **r**ight
z	wie engl. rea**ds**
c	wie **Z**eh
s	scharfer s-Laut wie engl. **s**ong

Auslaute

Einfache Auslaute		**Zusammengesetzte Auslaute**		**Nasale zusammengesetzte Auslaute**	
a	wie in M**a**gen	ai	wie M**ai**	an	wie m**an**
		ao	wie Ch**ao**s	ang	wie l**ang**
o	etwa wie in P**o**st, mit vorangehendem u	ou	wie engl. l**ow**	ong	wie Acht**ung**
e	etwa wie in Lini**e**	ei	wie engl. m**ay**	en	wie Haf**en**
				eng	wie [əŋ]
i	wie L**ie**be	ia	wie **ja**gen	ian	wie Amb**ien**te
		ie	wie L**iai**son	in	wie b**in**
		iao	wie **jau**len	iang	wie engl. **young**
		iou	wie engl. **yo**ke	ing	wie R**ing**
				iong	wie **jung**
u	wie g**u**t	ua	wie engl. **wa**ft	uan	wie spanisch **Juan**
		uo	wie engl. **wo**rry	uen	etwa wie engl. **when**
		uai	wie engl. **wi**fe	uang	u wie M**u**se, ang wie l**ang**
		uei	wie engl. **way**	ueng	nicht wie u + eng; e siehe «eng»
ü	wie m**ü**de	üe	etwa wie ü in M**ü**he + e wie in m**e**ckern	üan	wie ü + **renn**en

Inhaltsverzeichnis